Quando tinha cinco anos
eu me matei

Howard Buten

Quando tinha cinco anos eu me matei

Tradução de Alexandre Barbosa de Souza

Copyright© 1981, 2000 by Howard Buten.
Publicado com a autorização de The Young Agency

Título original
When I Was Five I Killed Myself

Tradução
Alexandre Barbosa de Souza

Capa e projeto gráfico
Rádio Londres

Revisão
Shirley Lima
Marcela Lima
Luara França

Dados internacionais de Catalogação na Publicação (CIP)
(Câmara Brasileira do Livro, SP, Brasil)

Buten, Howard
    Quando tinha cinco anos eu me matei/ Howard Buten ; tradução de Alexandre Barbosa de Souza.
Rio de Janeiro : Rádio Londres, 2016.

    Título original: When I was five I Killed Myself
    ISBN 978-85-67861-10-4

    1. Ficção norte-americana I. Título.

16-05089   CDD-813

Índices para catálogo sistemático:
1. Ficção : Literatura norte-americana 813

Todos os direitos desta edição reservados à
Editora Rádio Londres Ltda.
Rua Senador Dantas, 20 – Salas 1.601/02
20031-203 – Rio de Janeiro – RJ
www.radiolondreseditores.com

Este livro é dedicado a Frank

1

Quando tinha cinco anos, eu me matei.
Eu estava esperando começar o Popeye depois do Jornal. Ele tem pulsos maiores que os da gente e é tão forte que ganha sempre por nocaute. Mas o Jornal não acabava nunca. Meu pai estava assistindo. Eu ficava tampando os ouvidos com as mãos porque tenho medo do Jornal. Não gosto, isso não é televisão. Tem os russos que vão nos matar. Tem o presidente dos Estados Unidos, que é careca. Tem o fabuloso salão do automóvel desse ano, aonde eu fui uma vez, foi muito gostoso como atividade.
Um senhor apareceu no Jornal. Tinha alguma coisa na mão, uma boneca, e ele a levantou no ar. (Dava para ver que não era uma pessoa de verdade por causa da costura.) Eu tirei as mãos dos ouvidos.
— Esta boneca que eu estou mostrando a vocês — disse o senhor — era o brinquedo favorito de uma menina. E agora, por causa de um estúpido acidente, a menina está morta.
Subi correndo para o meu quarto.
Pulei na minha cama.
Enfiei a cara no meu travesseiro e apertei com força até não ouvir mais nada. Eu parei de respirar.

Então, meu pai chegou e tirou o travesseiro da minha cara e pôs a mão em mim e falou meu nome. Eu estava chorando. Ele chegou por cima de mim, pôs as duas mãos embaixo de mim e me levantou. Ele fez assim no meu cabelo atrás da cabeça, e eu encostei a cabeça nele. Ele é muito forte.

— Está tudo bem, filho, não chora — disse ele, baixinho.

— Não estou chorando — respondi. — Eu já sou um menino grande.

Mas eu estava chorando. Então o papai me disse que todo dia morria alguém, e ninguém sabia por quê. É assim, essas são as regras. Então ele desceu de novo.

Fiquei um tempão sentado na minha cama. Só fiquei ali, sentado. Tinha alguma coisa errada dentro de mim, eu sentia isso dentro da minha barriga e não sabia o que fazer. Então deitei no chão. Estiquei o indicador e apontei para a minha cabeça. Aí eu fiz *bum* com o polegar e me matei.

2

Estou no Centro de Bem-Estar para Crianças. Estou aqui pelo que fiz à Jessica. O meu nariz ainda está sangrando, mas agora parou de doer, e a minha cara está toda preta e roxa. Dói. Estou com vergonha.

Quando cheguei aqui, a primeira pessoa que conheci foi a senhora Cochrane. Ela veio me conhecer na mesa onde eu estava com a minha mãe e o meu pai. Todo mundo apertou as mãos, menos eu. Eu estava com as mãos nos bolsos. Elas estavam fechadas, eram punhos. A senhora Cochrane me levou com ela. Ela é feia. Eu mal conseguia olhar para ela, e ela usa calça, mesmo sendo velha. Ela fala bem de mansinho comigo, como se eu estivesse dormindo. Mas eu não estou dormindo.

Ela me levou para a minha ala. Tem seis camas aqui. Sem cortinas, sem tapetes. Sem cômoda. Sem televisão. Tem grades nas janelas, como na prisão. Eu estou preso por causa do que eu fiz à Jessica.

Então fui ver o doutor Nevele.

A sala dele é para lá: atravessa esse corredor, passa pelas portas grandes e vai, vai, vai e aí já é lá. Ele tem pelos até no nariz, e parecem palha de aço. Ele me mandou sentar. Eu sentei. Olhei pela janela dele, que não tem grade, e o doutor Nevele perguntou o que eu estava olhando. Falei passarinhos. Mas eu estava olhando se meu pai estava lá, para me levar para casa.

Tinha uma foto na mesa do doutor Nevele, de crianças, e tinha uma foto de Jesus Cristo que eu acho que é falsa, porque eles não tinham câmera na época. Ele estava na cruz, e alguém havia pendurado uma placa em cima dele escrito INFO. Isso quer dizer que você pode pedir informações para ele.

O doutor Nevele está sentado atrás da mesa dele.

— Agora, por que o Burt não me conta alguma coisa sobre ele mesmo, como as coisas que ele mais gosta de fazer, por exemplo? — disse ele.

Cruzei as mãos na barriga. Como um menino bem-educado. Não falei nada.

— Ora, vamos, Burt. O que você gosta de fazer, acima de tudo, digamos quando você está com seus amiguinhos?

Fiquei ali sentado. Sem dizer uma só palavra. Ele olhou para mim com aqueles olhos dele, e eu olhei pela janela procurando o meu pai, mas não achei. O doutor Nevele me perguntou de novo e depois, outra vez, até que parou de perguntar. Ele ficou me esperando falar. Ele esperou muito. Mas eu não queria falar nada. Ele levantou, ficou andando pela sala e então olhou pela janela também. Então, fui eu que parei de olhar.

Eu falei:

— Já está de noite.

O doutor Nevele olhou para mim.

— Não, não está, Burton. Lá fora é dia. Ainda estamos no meio da tarde.

— É de noite, falei. — Quando o Blacky chega.

O doutor Nevele olhou para mim.

— Você chama a noite de Blacky? — perguntou.

(Eu vi pela janela um carro parar e outro carro sair. Cara, o meu irmão, Jeffrey, sabe o nome de todos os carros. Ele é especialista em carros. Mas, quando a gente vai no banco de trás do nosso carro, sempre leva bronca, porque a gente faz brincadeiras estúpidas.)
— À noite, o Blacky vem na minha casa — falei, mas não falei isso para o doutor Nevele. Falei isso para a Jessica. — Quando eu já estou empacotadinho na cama. Ele vem na minha janela e fica esperando. Ele fica em silêncio. Ele não faz nenhum barulho, diferente dos outros cavalinhos. Mas eu sei que ele está ali porque consigo escutar. Ele faz o barulho do vento. Mas não é o vento. Ele tem cheiro de laranja. Então, eu amarro os lençóis e desço pela janela. É alto, trinta metros até o chão! Eu moro numa torre. É a única torre do meu quarteirão.

"Quando monto nele, os cascos dele fazem um barulho parecido com figurinhas de jogadores de beisebol presos em roda de bicicleta, e as pessoas acham que é isso. Mas não é. Sou eu. E vou montado no Blacky até onde não tem mais casa nem gente. Até onde não tem mais escola. Onde tem a prisão, que é o lugar onde põem as pessoas que não fizeram nada de errado. E paramos perto do muro. Tudo fica em silêncio. Eu me ponho de pé nas costas do Blacky. Ele é escorregadio, mas eu nunca escorrego. E eu escalo por cima do muro.

"Lá dentro tem soldados. Eles usam faixas brancas cruzadas no peito como guardinhas, só que eles têm barba. Eles estão sempre suados. Estão dormindo. Um deles está roncando, o gorducho que é malvado com as crianças.

"Vou escondido até a parte da prisão onde as janelas têm grade e falo baixinho para as pessoas lá dentro: 'Vocês são inocentes?' Eles respondem que sim. Aí eu abro as grades com o meu dedo indicador e deixo todo mundo sair.

"Quando estou escalando o muro de volta, o gorducho que não gosta de criança acorda e me vê, mas aí é tarde demais. Dou tchauzinho para ele e pulo para o outro lado. São trinta metros até o chão! Todo mundo acha que eu morri. Mas eu não morri. Estou vestindo uma capa e abro a capa assim, e o vento entra e enche a capa, e eu saio meio que voando. Pouso em cima do Blacky, e a gente vai embora para comer biscoito com leite. Eu mergulho os biscoitos no leite."
O doutor Nevele me encarou.
— Isso é muito interessante — diz.
— Eu não estava falando com você.
— Com quem você estava falando?
— Você sabe com quem!
— Quem?
(Lá fora um menininho como eu estava brincando com uma bola. Ele quicava a bola no estacionamento e dava risada. O pai dele veio e o levou embora do Centro de Bem-Estar para Crianças, para casa, onde ele brincava com trens que andavam de verdade.)
— Burt, eu quero que sejamos amigos. Amigos contam coisas uns para os outros. Porque eu acho que posso descobrir qual é o seu problema e ajudar você a resolver. Você é um menininho doente. Quanto antes você me deixar ajudar, mais rápido vai melhorar e voltar para casa. Você vai me ajudar, não vai?
Cruzei as mãos em cima da barriga. É o jeito certo de sentar. Como um bom cidadão. Nada de falar, nada de chiclete. O doutor Nevele ficou de pé na minha frente esperando, mas eu não falei nada. Fiquei ouvindo o barulho que vinha do corredor do Centro de Bem-Estar para Crianças, de crianças chorando.
— Agora eu preciso ir — falei.

— Por quê?
— Meu pai chegou.
— Burt, os seus pais foram embora.
— Não, hoje é um dia especial. Eles voltaram para me dizer uma coisa. Eles vieram me buscar, doutor Nevele.
— Por favor, sente.
Eu já estava de pé perto da porta. Pus a mão na maçaneta.
— Por favor, Burt, sente.
Olhei para ele e abri um pouquinho a porta, e ele veio. Eu corri para trás da mesa dele. Ele fechou a porta e ficou parado na frente dela.
— Burt, você estava conversando com a Jessica?
Não falei nada.
— A Jessica não está aqui— ele falou.
Aí eu peguei a foto de Jesus Cristo e joguei no chão. Pus o lixo em cima da foto e esmaguei. Depois chutei e corri para o canto da janela.
— Ela está no hospital. A mãe dela ficou muito chateada. Muito mesmo. Talvez você queira me contar o seu lado da história.
A minha garganta começou a doer. Estava me matando. Eu berrei para ele: "seu merda sujo pra caramba" e doeu mais ainda, então berrei de novo, berrei e berrei. E fiquei ali berrando para ele.
O doutor Nevele andou até a mesa. Não falou nada e sentou. Então, começou a ler um papel como se não tivesse mais ninguém ali com ele. Só que tinha alguém. Tinha um menininho no canto. Era eu.
— Tenho que ligar para o meu pai — falei. — Acabei de lembrar que preciso contar uma coisa para ele.
O doutor Nevele balançou a cabeça sem olhar para mim. Caminhei até onde estavam os livros dele. Me apoiei na

prateleira. A prateleira balançou. Olhei para o doutor Nevele e falei:
— Não estava falando com você. — Mas ele nem olhou.
— Eu estava falando com a Jessica.
— A Jessica não está aqui.
Os livros caíram no chão e se espalharam pela sala, porque eu empurrei a prateleira. O barulho me assustou. Corri para a porta e abri. O doutor Nevele se levantou. Eu fechei a porta de novo.
Agora ele vai me mostrar o que é bom pra tosse, pensei. Vai me dar uma lição que eu nunca mais vou esquecer. Vai mostrar quem é que manda aqui. Vai me fazer provar do meu próprio remédio e, um dia, eu ainda vou agradecer a ele por isso. Vai doer mais nele do que em mim.
Mas ele não fez nada disso, só olhou para mim. Então disse bem de mansinho:
— Você quer o cinto de segurança?
Olhei para ele. Ele olhou para mim. Olhamos um para o outro.
— Quero.
Eu não sabia o que era aquilo. Fiquei olhando para ele. Então, ele abriu a gaveta e tirou um cinto. Ele me pôs na cadeira e passou o cinto em volta de mim e colocou a fivela na minha mão. Eu tinha visto aquilo antes, igual de avião, sem furinhos. Apertei bem o cinto. Ficou apertado. Apertei mais ainda. O doutor Nevele ficou olhando. Estava na minha barriga e eu pus mais para baixo e apertei bem, bem, bem no pipi, até machucar tanto que comecei a chorar, e depois apertei mais ainda. Bem no pipi.
— Chega — falou o doutor Nevele.
Ele veio, desafivelou o cinto e o guardou. Pegou o telefone e discou, mas não discou todos os números.

— Mande a senhora Cochrane agora à minha sala — falou. Então ele veio andando, se abaixou na minha frente e olhou bem na minha cara.

— Conte uma coisa sobre ela, Burt, só uma coisa, e você pode voltar para a sua ala. Quando foi a primeira vez que você viu a Jessica?

Fiquei olhando um tempão para ele. Então falei uma coisa:

— Tem um gramado na frente da minha casa, e eu não posso andar lá porque o papai paga muito caro para o jardineiro, mas às vezes eu fico olhando para o gramado da entrada da garagem. Então vêm as nuvens. Eu fico de pé na entrada da garagem esperando. Aí vem o vento, como se fosse chover. Mas não chove. O vento sopra. Sopra e sopra, e eu quase não consigo ficar de pé.

"Aí eu começo. Dou dez passos para trás e depois corro pela entrada da garagem e pulo. Subo correndo a entrada da garagem e pulo. Depois eu desço correndo a entrada da garagem e pulo, e aí o vento vem embaixo de mim e me levanta por cima do gramado e me empurra quarteirão abaixo sobre todos os gramados onde sou proibido de andar. Aí voo até a casa do Shrubs, lá na esquina. O vento é sempre quente. No inverno, ele é frio, então, aí eu posso andar no gramado, porque tem neve."

O doutor Nevele estava parado na porta. Ele fez cara feia.

— Burton, quanto antes você quiser me ajudar, mais cedo vai ficar bom para voltar para casa.

— Cala a boca — falei.

— Que modos são esses?

— Eu não estava falando com você.

— Então era com quem?

— Com a Jessica.

— Já falei, a Jessica não está...
Nessa hora, joguei a cadeira na cara dele. Ele desviou, a cadeira rasgou a manga da camisa dele, e ele veio correndo para cima de mim. Então, me agarrou e me apertou bem bem forte, mas eu berrei:
— Ai que cócegas, ai que cócegas você está me fazendo.
A porta se abriu. Era a senhora Cochrane. Ela estava calma.
— Leve o senhor Rembrandt para a Sala de Descanso — disse o doutor Nevele —, até ele conseguir se controlar de novo. Precisa de ajuda?
A senhora Cochrane saiu e voltou com um homem de camisa azul, um funcionário do Centro de Bem-Estar para Crianças. Então o doutor Nevele me soltou. Eu limpei o nariz na manga da camisa, e a senhora Cochrane pegou a minha mão.
— Senhora Cochrane, eu já sei andar sozinho — falei.
Ela deu uma risada meio assim.
— Bem, mas segure a minha mão mesmo assim — ela falou.
E eu falei tudo bem.
E agora estou na Sala de Descanso. Não tem móveis aqui, só uma cadeira. Aqui dentro é quadrado. Quatro lados do mesmo tamanho. Quadrado. Isso é geometria. Aprendi isso durante as atividades extraclasse na escola. (Na Feira de Ciências, eu vi um quarto que tinha uma parede só. Era um círculo.)
Deduzo que está chovendo. Está chovendo a cântaros, como o Jeffrey fala. (Ele é meu irmão e sabe o nome de todos os carros. Todos, cara.) Eu sei que está chovendo porque tem água escorrendo nas palavras que estou escrevendo na parede. A pessoa que fez a Sala de Descanso fazia salas ruins. Deduzo que era um *inapso*.

Chovendo. C-H-O-V-E-N-D-O. Chovendo...
Na vinda para cá, encontrei um lápis no corredor. A senhora Cochrane não me viu pegar. E depois que ela me pôs aqui, eu fiz uma coisa. Subi na cadeira perto da parede. E escrevi uma coisa com o meu lápis.

Quando tinha cinco anos eu me matei.

Escrevi isso na parede da Sala de Descanso. Estou escrevendo isso agora.

3

A primeira vez que eu vi a Jessica Renton foi durante a simulação de ataque aéreo. Foi quase no fim do segundo semestre, na primavera. Estava quente lá fora quando a gente foi do prédio principal da escola até o pré-fabricado. O pré-fabricado é uma espécie de casinha, atrás da escola, onde fica a segunda série. Nessa época, eu estava na segunda série. (O pré-fabricado tem um cheiro que eu não acho bom, como perfume. O pré-fabricado é muito pequeno para ser um prédio. Só tem duas salas de aula dentro. Eu estava em uma. A Jessica estava na outra. Eu nunca tinha visto ela antes da simulação de ataque aéreo.)

A simulação de ataque aéreo são dez toques curtos. É muito assustador para as crianças. Tem regras. A gente precisa ficar em fileiras de dois. Tem que fechar as persianas para os russos não saberem que a gente está ali e não matarem a gente. Aí temos que caminhar em silêncio para o prédio principal. Lá, temos que ficar enfileirados ao longo dos armários do corredor, sentar no chão, apagar todas as luzes e cantar *God Bless America*. É muito assustador.

As duas classes do segundo ano estavam enfileiradas na frente do pré-fabricado, esperando para ir até o prédio

principal. Ninguém estava conversando. (Essa é outra regra.) Todo mundo estava com medo porque talvez fossem jogar bomba. Eu também estava com muito medo, só que ninguém sabia. Sou um bom ator, eu pessoalmente acho.
Aí alguém falou.
— Senhorita Young, eu vou para a minha casa agora.
Era uma menina. Ela tinha cabelos castanhos, sem trancinha (mas tinha uma presilha). Ela estava ali parada, com as mãos para trás, como se estivesse patinando no gelo.
— Eu achei melhor avisar — disse ela. — Porque eu vou para casa agora.
A senhorita Young falou:
— Jessica, por favor, volte já para a fila. Você não pode falar na hora da simulação de ataque aéreo.
— Não — a Jessica falou. — Eu vou embora para casa. — E então começou a caminhar.
A senhorita Young ficou muito brava.
— Jessica, volte aqui! Já! — berrou ela.
A Jessica parou e virou. Então ela voltou e foi andando até a senhorita Young e falou uma coisa bem baixinho:
— Senhorita Young, se forem jogar bomba, eu quero estar em casa com a minha família. E é para lá que eu vou.
A senhorita Young ficou ali parada. Não falou mais nada. A Jessica olhou para ela. Ela estava com um vestido vermelho que era bem macio, dava para saber só de olhar. (Eu sou bom de olhar. Eu acho que o vestido da Jessica era muito macio.)
A senhorita Young olhou para a Jessica.
— Esse não é um ataque aéreo de verdade, Jessica — falou. — É apenas uma simulação, um exercício. Não vai ter bomba nenhuma. Vai acabar dentro de alguns minutos, então não precisa ir para casa. Por favor, volte para a fila.

A Jessica não se mexeu nem um pouco. Eu achei que ela ia chorar ou alguma coisa assim, mas ela não chorou. Ela falou sem sair do lugar.

— Senhorita Young, sabe, eu fiquei com medo porque achei que era perigoso. O meu pai vai fazer um abrigo no porão lá em casa. Ele viu numa revista. Eu achei que era um ataque aéreo de verdade. Não acho justo assustar as crianças.

A senhorita Young não respondeu nada, mas a Jessica ficou um tempão parada na frente dela e, quando tocou o sinal do final da simulação de ataque aéreo, ela ainda estava ali parada. Eu fiquei olhando para ela. Ela ficou ali parada até todo mundo ir embora. Ficou sozinha. Então, muito lentamente, ela levantou a ponta do vestido, segurou com as mãos, rodopiou e fez uma reverência.

Essa foi a primeira vez na vida que eu vi a Jessica Renton.

4

Naquele dia, eu peguei a rua Marlowe na volta da escola. Geralmente pego a Lauder, que é a minha rua, mas naquele dia desci pela Marlowe. Fiquei esperando sozinho na esquina. (Geralmente vou andando para casa com o Shrubs, mas ele teve que ficar depois da aula, por falar bosta para a senhorita Filmer. O nome de verdade do Shrubs é Kenny. Ele vai mal na escola, e todas as professoras odeiam ele. Mas ele é o meu melhor amigo. A gente se conhece desde que eu nasci. Ele é uma semana certinho mais velho que eu. Certinho. A gente é irmão de sangue. Quando a gente tinha cinco anos, a gente espetou o dedo com um alfinete e juntou os dedos. Só que eu não furei porque tenho pavor de alfinete. Então bati o polegar na cômoda para sair sangue. Fiquei seis semanas usando gesso.)

Eu tinha começado a descer pela Lauder, mas aí vi os guardinhas[1] na esquina, e eles são malvados. Eles são nojentos. Eles mexem com as crianças pequenas. E eu sou uma delas. Eu estava com o meu desenho na mão, um que eu fiz

---

[1] Alunos de 12 a 15 anos que ficam nas entradas das escolas na periferia americana para ajudar os estudantes a atravessar (N. E.).

na escola (a gente ficou colorindo na aula porque não tinha mais nada pra fazer), e parei na esquina, esperando o guardinha falar: "Pode atravessar agora". Os guardinhas ficam assim com os braços abertos e falam "Espera" quando os carros estão passando e depois falam "Pode atravessar agora" quando é seguro. Por isso eles se chamam guardinhas.
Enquanto eu estava esperando para atravessar, o guardinha viu o meu desenho.
— O que é isso, um sapo?
— Não — falei. — É um cavalo. Fui eu que desenhei.
Ele olhou para mim, ele era bem grandão.
— Você é burro por acaso? — ele perguntou.
— Sim — respondi.
Ele ia me dar um tapa. Mas meu desenho tinha ficado muito bom para um cavalo, eu pessoalmente acho. Era um cavalo verde. Eu chamei ele de Verdinho.
Quando o guardinha arrancou o desenho da minha mão, rasgou a boca do Verdinho. Ele deu uma risada e mostrou para o outro guardinha, que mandou que ele parasse de fazer graça. (Eles deixam dois guardinhas nas esquinas para abusar das crianças pequenas.) Então ele me devolveu o Verdinho e falou: "Pode atravessar agora".
Mas eu não fui.
— Você tem uma fita adesiva para consertar a boca do Verdinho? — perguntei.
— Você está falando sério? — disse o guardinha.
— Você rasgou ele.
— Sai daqui — ele falou, mostrando o punho para mim, e eu vi que as unhas dele estavam sujas.
Foi por isso que voltei sozinho para casa pela Marlowe naquele dia. Atravessei sozinho a primeira rua. Primeiro, tem que parar. Depois, tem que olhar para os dois lados para ter

certeza de que não tem nenhum carro vindo. Depois caminha e não corre. Eu sou bom em regras de segurança. Nunca fui atropelado.

Na Marlowe, tinha helicópteros nas árvores, que são umas coisas verdes que giram quando vão caindo. Acho essas coisas interessantes como fenômenos naturais.

Aí aconteceu uma coisa. Eu vi a Jessica andando na outra calçada com a Marcie Kane, que não consigo nem olhar para a cara dela, pra falar a verdade, porque francamente, ela é uma idiota total. Além disso, é a melhor amiga da Jessica, descobri depois. Elas não me viram. Eu estava invisível. Mas, então, andei mais devagar e me abaixei para amarrar o sapato. (Só que na verdade não, porque eu uso mocassim, que é mais legal, cara. Eu fiz a mamãe comprar um mocassim para mim. Geralmente ela compra botinha de escoteiro, que eu odeio, mas aí eu dei um chilique na loja, e ela comprou o mocassim que eu queria. Não tem costura no meu mocassim. Nenhuma, nos dois. E eles são bicudos também. A minha mãe tem vontade de chorar quando me vê de mocassim. Ela fala: "Para falar a verdade, eu tenho vergonha de você assim". Foi daí que eu tirei esse "para falar a verdade".)

A Jessica e a Marcie Kane vinham pela Marlowe. Eu fiquei olhando para elas. Elas estavam conversando. A Jessica estava balançando uma bolsinha de franja. Eu não sabia o que tinha lá dentro. A bolsinha balançava para cima e para baixo, para cima e para baixo, batendo no vestido dela, e quando batia, o vestido ficava tipo com umas ondas. Dentro da bolsinha dela tem uma varinha mágica que transforma as coisas em flores, pensei. E ainda vem com uma cartola grátis, eu já vi essa varinha na Maxwell, a loja.

A casa da Jessica era aquela de janela azul. De tijolo, e não de madeira. Mas não de tijolo vermelho, malva. Ela entrou lá, por isso eu sei que é lá. Ela entrou pela porta do lado da casa, pela entrada da garagem. A entrada da garagem da casa dela tem graminha no meio, que eu não gosto tanto. Prefiro a nossa, que não tem nada. Também na nossa a porta é atrás, e não do lado da casa. (A Marcie Kane continuou até a rua Margarita. Ela mora na Strathmoor. Dentro de um banheiro.) Parei do outro lado da rua, na frente da casa da Jessica, e fiquei olhando para lá. Fiquei parado atrás de uma árvore pequena. (A gente tem uma árvore pequena na frente da casa, que ainda está com o papel da loja de árvores em volta e tudo. É assim que eu sei qual é a minha casa. Quando a árvore ficar grande, eu vou ser adulto. Mas também vou saber qual é a minha casa por causa do forte no jardim da frente. Que eu vou fazer quando sair daqui. Eu já fiz um, com o Shrubs, de barro. O meu pai deu um chilique porque ele precisou chamar um caminhão para tirar a lama do jardim da frente. Era um fortão. Ia ser malva.)

Estava ventando na Marlowe, e o vento desarrumou o meu cabelo todo. Eu penteei com os dedos. Reparto meu cabelo de lado. Eu queria muito um topete para cima, tipo rockabilly, mas a minha mãe me obriga a repartir de lado. Eu odeio. Me mata esse repartido de lado. Mas, quando cresce na frente, eu posso passar gel, e enfio o pente no pote. É muito legal, cara.

(Chilique, essa é mais uma palavra que aprendi com a minha mãe. Ela diz que eu sempre dou um.)

Tinha cortina nas janelas da Jessica. Eu fiquei meia hora olhando para as janelas. Eu sabia as horas porque estava com o meu relógio que ganhei de Hanucá[2] e depois perdi.

---

[2] Festa judaica, também conhecida como "Festival das Luzes" (N. E.).

Enquanto eu estava olhando para a cortina da Jessica, abriu um buraco na calçada embaixo dos meus pés. Por sorte, eu não caí, porque o meu mocassim tem uma coisinha embaixo que não me deixa cair. Era um buraco de trinta metros e tinha dinossauros e fogo lá embaixo. Eu pulei por cima e caí na grama do outro lado. Então olhei para o outro lado da rua e vi que a Jessica tinha me visto e falou: "Puxa, que rapaz corajoso!".

Quando cheguei em casa, a mamãe perguntou por que eu tinha demorado tanto. Falei que um carro tinha batido. Ela berrou. Mas eu falei que tudo bem porque eu não tinha morrido, só outra pessoa. Ela começou a gritar, mas eu falei que tinha esquecido quem tinha morrido. Aí subi para o meu quarto e fiquei brincando com os meus bonecos.

— Papai, quanto custa uma janela azul? — perguntei.

— Por quê?

— Porque eu queria pôr no meu forte.

— Enquanto eu estiver vivo, você não vai mais fazer nenhum forte.

— Certo — falei. — Mas quanto custa, para depois que você morrer?

Mais tarde, ele falou que ia comprar no atacado, mas eu não sei o que isso significa. Acho que é quando trazem as coisas de barco.

Malva. M A L V A. Malva.

E poucos dias depois, acabou a escola, e começaram as férias de verão. Todo mundo falou "Oba". No verão, brinquei com o Shrubs muitas vezes. A gente brincou de Zorro, e ele era o cavalo. Eu ensinei o Shrubs a relinchar. É como tossir, só que por mais tempo. Montei nas costas dele. A nossa empregada, Sophie, disse que eu ia aleijar o coitado do Shrubs. Ela é uma negra de cor.

Eu tenho uma fantasia de Zorro. Também tenho uma do Robin Hood e outra do Peter Pan (a calça é a mesma) e do Cadete Espacial Tom Corbett e de Papai Noel e do Superman e de Médico. Quando brinco sozinho de Zorro, pego almofadas compridas da cama da mamãe para ser o cavalo, e elas também são os bandidos, e eu dou soco neles. O vilão do Zorro é El Comandante. Ele passa na televisão. Um mês atrás eles trocaram o vilão. O Jeffrey falou que viu o antigo El Comandante na propaganda de Gumex, mas, cara, é mentira dele.

O Shrubs e eu fizemos um plano. Era um sinal. Era assobiar como passarinho. O plano era assim: quando o Shrubs fosse dormir, era para ele amarrar os lençóis, descer pela janela, vir na minha casa e me dar o sinal; e depois era para eu amarrar os lençóis e descer pela janela, e aí a gente ia brincar de Zorro à noite, de verdade.

A minha hora de ir para a cama é às nove, mas eu posso ficar até mais tarde quando faço birra, mas naquela noite eu fiquei bonzinho. Geralmente a mamãe leva a gente para a cama. Às vezes ela canta. Ela é uma cantora excelente. A música favorita do Jeffrey é "Shine On Harvest Moon". A minha é "Hound Dog", só que a mamãe não sabe essa. Às vezes ela não leva a gente para a cama, e eu tenho que apagar a luz sozinho. Eu fico com um dedo no interruptor e aponto outro para a cama, então apago a luz e vou correndo até onde meu dedo está apontando. É assim que eu encontro a minha cama no escuro. Tenho medo de ir para a cama porque tem monstros no meu armário. Eu deixo a porta fechada. Quanto mais vezes eu fecho, mais fechada a porta fica. Antes de ir para a cama, fecho a porta do meu armário cinquenta vezes.

Na noite do nosso plano, eu tive que tomar banho de banheira antes de ir para a cama. Eu queria ser grande para tomar banho de chuveiro, mas eu não sou porque ainda não consigo ligar o chuveiro sozinho. Às vezes eu tomo banho de chuveiro com o papai. Ele fica pelado e tem pelos nele e no pipi dele. Eu não tenho pelo no meu. Não gosto de tomar banho de chuveiro com o papai.

A mamãe também lê para a gente dormir. O meu livro favorito é *O cachorrinho que queria um menino*. Eu adoro. O favorito do Jeffrey é *O ônibus escolar que estava caindo em pedaços*. Às vezes, a mamãe inventa historinhas e às vezes ela inventa outras músicas. Ela inventou uma que chama "Todas as Crianças da Vizinhança". É sobre a hora de dormir na Lauder. A música fala os nomes de todas as crianças da rua e diz:

> Todos eles já estão dormindo, e você?
> Shhh Shhh Shhh Shhh
> Todos eles já estão dormindo, e você?

Eu morro de medo dessa música.

Naquela noite, a gente ficou na minha cama, e a mamãe pegou um livro. Mas era um livro diferente.

— Hoje a historinha vai ser especial — falou. — O papai e a mamãe acham que está na hora dos meninos saberem uma coisa sobre o crescimento. Esse livro chama *A história da sementinha que brotou*. Logo mais, vocês vão virar homenzinhos, e já está na hora de saberem.

— Como eu vou virar homenzinho se ontem você falou que eu parecia um bebê me sujando todo de terra? — perguntei.

Ela começou a virar as páginas do livro e não era nem colorido.

— Vai ter cachorro, mamãe? — perguntei. Achei que ia ter cachorro no livro.

— Não, querido — respondeu ela. — Essa historinha é sobre pessoas de verdade, como você e o Jeffrey e o papai e a mamãe.

— Chaaato — o Jeffrey falou, e fez assim com os olhos para cima.

E a mamãe falou:

— Não faz assim que você vai acabar ficando cego.

A história da sementinha que brotou era sobre umas crianças cuja mãe ia ter bebê, e eles estão numa fazenda com o avô, que fica mostrando as galinhas e os ovos e tudo. Era muito chato. Eu estava ficando nervoso porque o Shrubs estava vindo para colocar o nosso plano em ação.

Finalmente, ela parou de ler e saiu. Então, eu pus a minha fantasia do Zorro por baixo das cobertas. Pronto. Aí fiquei esperando. Esperei, esperei, esperei. Estava quente na cama com a roupa do Zorro. Aí ouvi o Shrubs berrar lá fora: "Burt!". Saí da minha cama. Comecei a amarrar os lençóis. Então as luzes se acenderam. Era a minha mãe.

— Burt, o Kenneth está aqui. Ele estava lá fora chamando você. Ele falou que você e ele combinaram de brincar lá fora hoje à noite. Pode esquecer.

Então ela olhou para mim. Eu estava fantasiado de Zorro.

— Bem, esta noite tudo bem. O Jeffrey vai com vocês. Olha o que você fez com os meus lençóis limpinhos...

Ela me levou lá para baixo. Todas as luzes estavam acesas. O papai estava vendo televisão. Eu tinha minha máscara e meu chapéu do Zorro, e a mamãe tirou a minha máscara e falou:

— Vem aqui, deixa a mamãe arrumar isso, para ficar certinho. — E depois acrescentou: — Agora vão brincar lá fora, mas só quinze minutos.

A gente foi. Primeiro corri atrás de uma árvore e me

abaixei. Fiquei esperando El Comandante passar. Ele é muito esperto, *señor*. Ele estava no mercado da Seven Mile Road com prisioneiros que eu ia salvar. Então, eu me escondi atrás de uma árvore e fiquei esperando o meu cavalo para poder galopar enquanto a lua cheia iluminava a noite. Eu ia salvar a Jessica, que estava presa por ter uma janela azul, que é proibido. Ouvi a voz de El Comandante. Aí peguei a minha espada.

— O que você está fazendo com esse lápis, Burt? — o Jeffrey falou. — É meu, estava em cima da minha mesa.

Ele contou para o Shrubs do último modelo dele, que era um Thunderbird. O Shrubs perguntou quantas peças tinha, e o Jeffrey falou mil e que era só para menino grande. O Shrubs perguntou se ele podia ficar vendo o Jeffrey montar, e o Jeffrey falou não porque ele podia quebrar.

Só eu estava brincando de Zorro. Então berrei:

— Vamos, amigos, vamos lá!

O Jeffrey falou:

— Do que você está falando? Termina isso para a gente voltar logo.

Daí a gente deu a volta no quarteirão, só andando. Depois a gente foi para casa. A mamãe perguntou se tinha sido divertido, mas eu subi direto para o meu quarto. E pus o dedo no interruptor e apontei o dedo para a minha cama. Apaguei a luz sozinho.

5

Ontem foi a minha segunda noite no Centro de Bem-Estar para Crianças. Eu vomitei do lado da minha cama. Isso começou quando estava na minha consulta com o doutor Nevele ontem. Ele sabe que estou escrevendo na parede da Sala de Descanso, mas me disse que eu posso fazer isso. Ele falou:

— Talvez o Burton possa se expressar melhor escrevendo do que verbalmente.

Não sei o que é verbalmente. Acho que é um tipo de música.

Lá em casa, não posso escrever na parede. Quando escrevo, levo bronca. Uma vez desenhei um cavalo na parede do meu quarto e levei uma palmada no bumbum. Eu ainda estava fazendo a crina quando a mamãe entrou no quarto e gritou:

— Para o que você acha que serve papel, homenzinho?

— Para fazer avião! O que mais?

Aí ela me deu um tapa.

— Com quem você pensa que está falando, com algum dos seus amigos? — disse.

— Eu achei que você era minha amiga — falei.

— Pode apagar isso já, senhorzinho.
— Não.
— Apague isso já.
— Não, o quarto é meu, e eu desenho quando quiser.
— O quarto não é seu. Quem você acha que está pagando por esse quarto?
— Quem?
— O seu pai.
— Então eu vou pagar para ele.
— Como?
— Vou ter um trabalho.
— Fazendo o quê?
— Vendendo coisas.
— Que coisas?
— Limonada.
Eu tive que apagar. Fiquei o dia inteiro apagando. Eu passei sapólio.
Na minha consulta, o doutor Nevele me mandou sentar na mesma cadeira onde eu tinha sentado antes com o cinto. Ele sorriu para mim, mas foi falso e fingido, mandou que eu sentasse lá e ficou um tempão sem falar nada. Então ele falou:
— Burt, agora me conte sobre a escola.
Fiquei olhando o tapete da sala dele, que é marrom e tem calombinhos. Então, pensei, são aqueles prédios lá embaixo onde em cada esquina tem bandidos à espreita, roubando coisas de pessoas inocentes. Aqui em cima no céu, eu posso usar a minha visão de raio X para avistá-los e dar um voo rasante para fazê-los devolver tudo.
O doutor Nevele ficou olhando para mim.
— Quem é a sua professora favorita, Burton? Você deve ter uma favorita.

Tinha uma menininha de pé no telhado de um daqueles prédios lá embaixo, e um ladrão estava correndo atrás dela. Eu berrei: "Não se preocupe, vou salvar você!" e saí da minha cadeira e fui voando no meio das nuvens. Então, dei um soco no bandido e salvei a menina. Ela estava com um vestido vermelho e parecia que tinha umas ondas nele.

— Por favor, Burton, sente-se. A cadeira é para sentar, e não para subir em cima. Na sua casa você não faria isso — o doutor Nevele falou.

— Eu não estava falando com você — falei.

— Ela não está aqui — ele disse e balançou a cabeça.

Então, eu chutei a cadeira que caiu na mesa e derrubou o abajur, e a lâmpada estourou.

O doutor Nevele não falou nada, mas me perguntou:

— Qual é a sua aula preferida na escola?

Então eu ouvi um barulho de rodas no corredor e pensei: Tem uma carroça cheia de feno lá e, dentro da carroça, está o Shrubs, só que ninguém está vendo, e ele vai pular e jogar a minha espada. Aí, eu vou apontar a espada para o doutor Nevele e vou jogar a cabeça para trás, dar uma risada e sair galopando daqui. Depois saí correndo para o corredor, mas não vi o Shrubs. Era uma cadeira de rodas com uma criança que quase não tinha cabelo, e as mãos pareciam garras. Então voltei para a sala do doutor Nevele e sentei. Ele não me falou nada.

— Eu posso pegar o cinto? — perguntei.

— Desculpe, o que você disse?

— Eu posso pegar o cinto?

O doutor Nevele balançou a cabeça bem devagar, como o papai fez uma vez quando teve que pôr o nosso cachorro para dormir.

— Por favor, não me põe para dormir — falei baixinho.

Olhei para o chão, mas não tinha mais nenhum prédio, só o tapete. O doutor Nevele balançou a cabeça.
— Agora você está falando comigo, Burton? — perguntou.
E eu respondi:
— Eu não sei.
Aí comecei a chorar.
Ele ficou um tempão escrevendo alguma coisa no caderninho dele, e eu ali sentado. Aí ele fechou o caderninho e falou que, se eu quisesse, podia ir para a Sala de Descanso e escrever coisas, já que eu não queria falar.
Ele ficou um tempão me olhando. Tentou sorrir para mim. Ele tentou mesmo. Eu fiquei olhando ele tentar. Isso me deixou triste. O doutor Nevele estava tentando sorrir para mim. Mas ele não sabia como.
Em vez disso, eu fui para a Sala de Jogos. É uma sala com brinquedos para a gente usar, tem até um trepa-trepa feito de plástico, que é bom para escalar e brincar de Tarzan. Eu sou bom de Tarzan, eu sei fazer o grito dele.
Tem um quadradinho cortado na porta da Sala de Jogos, aí dá para olhar do corredor. Eu olhei. Tinha umas crianças caindo do trepa-trepa, pulando de cabeça, e outras correndo em volta como maluquinhas. Concluí que deviam ser retardados mentais. E tinha um homem com cabelo ruivo e sapato branco de médico. Olhei para ele pelo quadradinho.
Ele era tipo o médico das crianças louquinhas. De repente, ele veio na minha direção, abriu a porta, olhou para mim e falou:
— Fique de olho neles para mim que eu já volto, certo?
Tinha um menininho sentado sozinho no canto da Sala de Jogos, porque ninguém queria brincar com ele. Ele era negro de cor. Ele punha a mão na frente dos olhos e balançava assim, dando tchauzinho para ele mesmo. Ele ficava

ali sentado no chão, balançando para frente e para trás sem parar. Sem parar. Sem parar.
— Aconteceu alguma coisa?
Era o ruivo, ele tinha voltado.
No começo, não falei nada, mas ele ficou me olhando com aqueles olhos castanhos com algumas partes verdes no meio, como os da Jessica.
— Tem um menininho ali — falei — que fica dando tchauzinho para ele mesmo.
O ruivo olhou para mim. Ele me estendeu a mão e falou:
— Meu nome é Rudyard.
Mas eu não apertei a mão dele. Não quis. Tinha muito medo. Ele falou:
— Na verdade, não é tchauzinho. Ele está dando oi.
E aí ele voltou para a Sala de Jogos.
Eu voltei para a minha ala. Estava com sono. Sentei na minha cama. Tinha lençóis. Em casa, é minha cobertinha. Ela é azul. Tenho desde que eu era bebê. A mamãe quer jogar fora, mas eu não vou deixar. Mas uma vez eu fiz uma coisa. Eu fiz xixi na cobertinha. Ficou um cheiro pungente.
A minha cama é no meio da fileira. Tem seis camas na minha ala e outras quatro crianças. Ainda não sei o nome de todos, só de um. O nome dele é Howie. Ele dorme do meu lado e tem muita cicatriz porque jogou uma lata de gasolina na fogueira. Ele é malvado. Perguntei se tinha cachorro-quente no Centro de Bem-Estar para Crianças, e ele me mandou enfiar a salsicha no rabo. (Isso é dizer palavrão.) A cama do outro lado está vazia. Talvez venha um menininho dormir ali e ser meu amigo.
Sentei na cama e então comecei a chorar, porque eu queria ir para casa. Então, enfiei a cara no travesseiro e fiquei apertando até dormir. Eu tive um sonho.

Era a minha casa, só que não era. A gente estava vendo Popeye na televisão, a mamãe, o papai e o Jeffrey. Aí apareceu um homem fazendo um anúncio de última hora que ia ter um tornado. Eu pulei e gritei:
— Vamos, todo mundo, depressa, já para o abrigo no porão!
Mas ninguém se mexeu. A mamãe riu de mim e falou:
— Não seja bebezinho, Burt.
O Jeffrey estava no chão. Ele estava vendo uma revista de carros. Ele falou que eu não podia ver. Olhei pela janela e vi que o céu estava preto e aí berrei:
— Depressa, pessoal!
Mas ninguém se mexeu. Eles agiam como se eu não estivesse ali. Eles conversavam sem ser comigo. A mamãe falou: "Agora chega de bagunça". E o papai olhou para mim e perguntou se eu tinha tomado banho. "Sem banho, sem Zorro na televisão." Atrás dele, pela janela, eu vi o tornado vindo. Era comprido e preto e torto, e eu não conseguia ver para que lado estava girando. Desci correndo a escada do porão. Fiquei sentado embaixo da escada, ouvindo todo mundo descer, mas não conseguia ouvir mais nada, só o tornado. Fazia um barulho como de trem, tão alto que doía meus ouvidos. E foi ficando cada vez mais alto. Estava vindo para a nossa casa. E eu gritei:
— Por favor, todo mundo, depressa.
Gritei tanto que fiquei enjoado, até que nem eu conseguia mais me ouvir. Tudo começou a tremer. Quebrou um vidro. Aí olhei para a porta. Era a Jessica, de pé ali parada, mexendo só a boca, mas eu não conseguia ouvir. Aí eu falei "O quê?", mas eu não conseguia ouvir. O tornado rugia como um leão dentro de mim, e depois a Jessica se virou, fez uma reverência e foi embora. Corri atrás dela, mas eu estava com medo de sair do porão por causa do tornado. Eu estava

assustado. Cara, eu fui um covarde. Eu só berrava. Então a Jessica virou, olhou para mim e falou: "Por que você fez aquilo comigo, Burt, o que você fez?". Eu comecei a chorar. "Por que você fez aquilo?", ela repetiu. E o tornado estava dentro de mim, e eu fiquei de joelhos, pus a cabeça no chão e falei: "Por favor, Jessica, não morre, por favor, não morre." Quando acordei, não sabia onde estava. Vomitei de tanto medo.
Tiveram que mandar o faxineiro vir limpar hoje de manhã. O Howie falou que eu sou um bebezinho que vomita, e eu não soube o que responder.
E hoje eu fui ver o doutor Nevele outra vez. Perguntei se a carta da Jessica já tinha chegado. Contei para ele da noite que a gente falou que ela ia escrever uma carta se um dia a gente se separasse.
— Não conte com isso — o doutor Nevele falou.
Depois disso, nunca mais falei com ele. Eu cruzava os braços e ficava lá sentado. Eu só falava com a Jessica. E, quando ele falou de novo que a Jessica não estava lá, peguei os papéis da mesa dele e comecei a rasgar tudo. Mas ele olhou para mim, e eu não rasguei mais.
— Pode rasgar — ele falou — ou então, se você quer tanto esses papéis, pode levar para você.
Eu aceitei.
Fui para a Sala de Descanso. Estou aqui agora. Escrevi uma coisa na parede. Z. De Zorro.
(Eu aprendi a falar pungente com o papai. Ele fala isso de beterraba.)

```
Rembrandt, Burton (cont.)
3/12
```

Persiste a resistência à interação verbal com o terapeuta. O paciente não fala diretamente comigo, mas se vale de uma forma protraída de verbalização.

Ou seja, comunica-se comigo através da presença imaginária da menina Jessica Renton (ver arquivo s7, item um). Considero que isso se deve à sopreposição de duas condições: (a) A criança não deseja enfrentar a realidade de que, na verdade, Jessica foi agredida por ele e que está, neste exato instante em que escrevo, sendo mantida sob observação no Hospital Nova Misericórdia (os relatórios devem ser encaminhados conforme solicitado em 1/12), criando, assim, a fantasia de que ela está aqui, ilesa; e (b) A criança se vale dessa segunda pessoa para falar indiretamente com o terapeuta.

Através dessa transferência de personalidade, ele fala com ela, e eu escuto. Na minha opinião, ambas as condições estão operantes neste caso.

Persiste o fato, contudo, de que, para o tratamento ser efetivo, a comunicação verbal direta deve ser alcançada. A questão de escrever na parede (ver 2/12) prova que a criança tem domínio da linguagem, é talentosa (ele é campeão de soletração na escola), e esse parece ser um caminho apropriado a ser explorado.

O paciente vem apresentando sintomas que indicam um complexo de salvador. Isso também atende a uma dupla função. (a) Deslocamento da culpa. Fazer-se de herói por definição cria um vilão externo, deslocando-se a culpa pelo que se fez de errado para o vilão e escapando, assim, da própria culpa. E (b) Onipotência. Sociopatologia. A alusão constante a voar, ou saltar em segurança de lugares altos, flutuando pelo ar. Colocar-se acima, à parte, da sociedade. Modo simbólico de externalizar as tendências antissociais graves do paciente.

Até o momento, este terapeuta considera que o temperamento incontrolável do paciente é o problema mais grave e mais imediato em questão. É patológico e inapropriado. Ele é uma ameaça para as pessoas à sua volta e, por esse motivo, deve ser mantido sob vigilância constante (no mínimo, dentro dos muros desta instituição) e receber poucos privilégios e nenhuma oportunidade de demonstrar sua violência.

Eu peguei tudo isso que estava escrito nos papéis da sala do doutor Nevele e copiei na parede, porque estava entediado, mas não entendi nada. São palavras de gente grande.

6

Depois das férias de verão, tive que voltar para a escola. Eu não queria. Tinha me esquecido da escola por causa das férias, que demoram quando você é criança. Eu odeio escola. Você tem que acordar cedo. A mamãe me acorda entrando no meu quarto e fazendo carinho na minha cabeça. Aí ela dá uns tapinhas no meu bumbum (que está embaixo da cobertinha) e fica bem pertinho da minha cara, falando baixinho: "Burt, querido, está na hora de acordar". Ela fala tão baixinho e tão gentilmente que tenho vontade de matá-la. Se eu pudesse ter só um despertador!
    Eu levanto. Vou lá no banheiro. Escovo os dentes, lavo o rosto e faço xixi. (Gosto mais do banheiro de cima porque é azul; o de baixo é rosa, de menina.) Aí eu me troco. Eu sei me vestir sozinho. Na véspera, à noite, a mamãe deixa a minha roupa separada em cima da outra cama do meu quarto, onde o Jeffrey dormia, mas agora ele tem um quarto só para ele, onde a Sophie dormia antes, só que agora ela não dorme mais lá. Não sei onde a Sophie dorme. Acho que ela não dorme.
    Odeio as minhas roupas, são muito caretas. O Larry Palmer tem roupas legais. Cara, cada roupa incrível! Ele tem

até uma calça de chino. Ele tem uma franja viradinha, como na propaganda de Gumex.

    Quando eu já estou arrumado, desço para tomar o café da manhã, que a mamãe me obriga a tomar, mas que eu não gosto; para falar a verdade, me dá vontade de vomitar até as tripas para fora. Eu nunca estou com fome no café da manhã, mas ela me obriga a comer ovo mexido com uma coisa que parece água em volta. A mamãe fica na cadeira dela, onde sempre senta, na ponta da mesa, virada de lado, para me ver. Eu sento no lugar do Jeffrey no café da manhã porque ele sai mais cedo. A mamãe está com o penhoar cor--de-rosa dela. Ela usa uma rede no cabelo. Tem pantufas que mostram os dedos dos pés de uma forma que é impossível não olhar para eles. Esmalte nos dedos que está todo descascado e você precisa ver a perna dela cheia de veias azuis! Ela tem cheiro de creme, dá para sentir do outro lado da mesa. Eu sou obrigado a comer ovo mexido aguado e sentir o cheiro do creme dela.

    No café da manhã, é tudo muito silencioso porque está cedo. Eu ouço até o relógio da sala. Ele faz tique-taque. A mamãe sempre toma uma xícara de café. Ela fica olhando para a parede. Ela dá um golinho. Aí ela deixa o café dentro da boca por uma hora. Eu fico esperando. Tudo quieto. Tique-taque. Eu espero. Só então ela engole. Parece um som de maremoto. Aí ela me dá o lanche que eu vou levar. Vem num saco que é marrom. É um saco novo. Eu ganho um saco novo por dia. Ela dobra três vezes e grampeia. Outras crianças, como as do orfanato, trazem sacos bem amassados. Outras ainda têm lancheiras de personagens de desenho que eu acho de mulherzinha.

    Eu não como meu lanche. Ponho tudo no meu armário e deixo lá apodrecendo. O motivo disso é que tenho pleurodinia.

É uma doença, o meu médico falou, que é quando eu tenho cólica e diarreia. Chama pleurodinia. Mas eu acho que, se eu não comer, não vou ter, apesar de que sou comilão em casa e sou sempre o Soldado do Prato Limpo.

Na escola, eles vendem lanche por trinta e cinco centavos. Você fica na fila, as cozinheiras são todas gorduchas e suadas, com redes no cabelo e dedos vermelhos. Eles dão uma garrafinha de leite para beber. É quente, porque eles guardam lá onde ficam os panos que a gente usa para limpar a mesa quando termina de comer. A água é cinza, com pedaços de comida boiando. Tem cheiro de vômito. Você passa o pano na mesa e fica uma gosma branca. Eu não compro muito leite na escola.

Às vezes eu sou o ajudante do dia no refeitório e tenho que limpar a mesa. Tem o risco de chegar atrasado para a aula. Uma vez, eu usei uma vassoura para limpar a mesa, e a senhorita Shultz falou que ia torcer meu pescoço. (A senhorita Shultz é a professora de educação física que toma conta durante o almoço, porque o almoço é no ginásio. Eles têm mesas que tipo entram na parede. A senhorita Shultz acha que ela é homem. Ela usa uma jaqueta esportiva e não tem lábios.)

No primeiro dia de aula depois das férias de verão, o Shrubs veio me chamar, e aí a gente foi na casa do lado e chamou o Morty Nemsick, que é um doidinho, eu acho. Aí a gente foi andando até a escola. São exatamente três quarteirões e meio. Exatamente.

Primeira coisa, a gente foi para a assembleia.

As assembleias são no auditório. Que também é uma classe. Eu já fui no auditório algumas vezes. Para fazer teatro. Peças. No semestre passado, outra classe montou *O Mágico de Oz*. Eles ganharam um prêmio. O auditório é uma classe especial. Metade do dia, a gente tem aula na nossa sala, no pré-fabricado, e, na outra metade, temos matérias especiais em outras salas.

(Foi no auditório que uma vez vi umas ondas gigantes em um filme sobre o terremoto, durante a assembleia. São ondas tamanho família.)

Naquele primeiro dia, a gente foi para a assembleia logo depois da chamada nas nossas salas de sempre. Quando tem assembleia, a gente entra no auditório em fila, sem conversa, uma fila de menina e outra de menino. Tem que esperar para sentar. Cada classe fica num lugar especial. Eu sentei do lado do Shrubs para a gente poder continuar brincando. Quando a gente sentou, ele pegou uma caneta que ele tinha, com o desenho de uma menina e quando você vira a caneta de ponta-cabeça, o vestido da menina cai. Ele comprou essa caneta por setenta e cinco centavos numa liquidação na Seven Mile Road, que fica aqui perto. Essa caneta me fez sentir uma coisa estranha na barriga, na parte de baixo. Todo mundo quis ver, a gente estava no meio da fileira. Então a senhorita Filmer veio na direção do Shrubs, e ele escondeu a caneta embaixo da camisa.

Na assembleia, tinha o policial Williams. Ele já tinha vindo uma vez, ele é um tira. Tem revólver e tudo. A gente sempre fala "Atire na senhorita Filmer!", mas ele nunca atira nela. Ele é artista. Ele tem um cavalete, desenha e conta historinha ao mesmo tempo. Cara, como é chato! Ele fez um semáforo com três círculos. Aí ele falou que a gente tinha que tomar mais cuidado para atravessar a rua no inverno porque a rua fica escorregadia, e então ele transformou os círculos do semáforo num boneco de neve. Ele fez uma coruja e transformou numa bicicleta, mas eu não sei como ele fez tudo isso, porque eu estava vendo o Shrubs virar a caneta.

Mas aí aconteceu uma coisa. A senhorita Filmer viu. O Shrubs tentou esconder, mas foi tarde demais. Ela veio em cima da gente e agarrou a caneta, mas o Shrubs puxou, e ela caiu em cima de mim. Ela é muito pesada para uma professora. Ela pegou a caneta.
— Posso saber onde o senhor arranjou isso? — perguntou.
— Eu não sei — o Shrubs falou. (O Shrubs sempre fala "Eu não sei" quando alguém grita com ele.)
— Como assim não sabe?
— Eu não sei.
A senhorita Filmer ficou muito brava.
— Responda, homenzinho!
O Shrubs falou:
— Eu não sei o que quero dizer quando digo que não sei.
— Você nunca sabe nada, é assim?
— Eu não sei, o Shrubs repetiu.
A senhorita Filmer tentou dar um tapa nele, mas ele desviou, e ela me acertou. Nem fez cócegas! Eu tentei levantar, mas ela ainda estava em cima de mim, então ela caiu no chão, e a caneta rolou e foi parar lá na frente do auditório, embaixo das cadeiras, e todo mundo tentou pegar.

O policial Williams desenhou uma placa de passagem de nível e a transformou em guardinha. (A cruz virou as duas faixas transversais.)

A Sylvia Grosbeck pegou a caneta e entregou para a senhorita Filmer. Ela guardou no bolso e fez assim com o dedo na cara do Shrubs, querendo dizer vem aqui já.
— Vem me pegar! — o Shrubs falou. (Ele era maluco.)
E ela foi.

O policial Williams olhou para o lado e fez um risco na cara do guardinha, e o Marty Polaski berrou: "Olha, desfigurado para o resto da vida!". Aí a senhorita Filmer agarrou ele também e levou os dois para a sala dela, lá no fundo do auditório. Dava para ouvir ela gritando, e uma criancinha na primeira fila começou a chorar muito alto. Aí o policial Williams falou um poema assim:

> Os policiais são seus amigos quando você
> se perde.
> Os guardinhas estão lá para te ajudar
> a atravessar.
> Tem que parar quando o semáforo está
> vermelho, passar quando está verde.
> Essas são as regras de segurança.

Então o sinal tocou, e todo mundo começou a fazer o maior barulho. A senhorita Krepnik falou: "Não é porque tocou o sinal que pode falar". Mas ninguém sabia o que fazer porque o semestre estava começando, e ninguém sabia a aula que tinha depois. As professoras ficaram na frente do auditório, e todas as crianças começaram a falar com o vizinho da fila. Fiquei pensando onde estava o Shrubs. Achei que a senhorita Filmer tinha matado ele.

Então, veio a senhorita Murdock. Ela foi a minha professora do primeiro ano. Ela falou para todo mundo voltar para a sala do ano passado, menos algumas pessoas, e leu os nomes — e um dos nomes era o meu. O resto foi todo embora. Então comecei a suar porque eu não conseguia mais ver o Shrubs. Achei que a senhorita Filmer tinha matado ele. E eu estava quase chorando. Ela saiu da sala dela com os braços cruzados e, de repente, eu estava ali de pé. E fui andando na direção dela, bem na frente do auditório, e pensei, estou numa montanha, bem no alto, e lá embaixo estava todo mundo, e tinha um vento soprando em mim.

Parei bem na frente da senhorita Filmer e, de repente, comecei a gritar:

— O que você fez com o Shrubs? Se você fez mal a ele, vou matar você, juro por Deus!

E aí fiz xixi na calça e comecei a chorar muito porque achei que todo mundo tinha visto. Nessa hora, a porta do auditório abriu, e a Jessica estava lá e viu.

Então, comecei a chorar, saí dali e sentei. A minha próxima aula era no auditório, foi por isso que a senhorita Murdock leu o meu nome.

O senhor Stolmatsky entrou. Ele é professor, mas também é ator numa faculdade. Ele era o responsável pelo *Mágico de Oz* quando eles apresentaram no concurso do semestre passado. Então a senhorita Filmer deu um aviso.

— Como quase todas as crianças do *Mágico de Oz* estão aqui nesta classe, o senhor Stolmatsky pediu para usar esse tempo para ensaiar para o concurso, que vai ser agora, em Lansing.

Eu fiquei sentado sozinho.

O senhor Stolmatsky falou para as crianças da peça subirem no palco. A Jessica se levantou. Ela era a Dorothy. Ela estava com aquele vestido vermelho que parecia ter ondas pequenas quando ela caminhava. E tinha também três meninos. Eles se levantaram. E tinha outro menino do outro lado do palco que ficava soprando o punho. Mais tarde eu descobri que deveria ser um microfone e que ele fazia o som de um tornado. O senhor Stolmatsky foi lá para o fundo do auditório e berrou:

— Ok, de volta ao tablado, seus filhos de Téspis! (Não faço ideia do que isso quer dizer.)

Então a Jessica ficou no meio do palco. Ela começou a dizer as falas.

— Titia M, titia M — falou.

Aquilo era muito suave. O senhor Stolmatsky falou que ele não estava ouvindo, mas a Jessica não ouviu o que ele falou porque ela estava olhando para outro lugar. Eu vi os olhinhos dela lá de onde eu estava. Eram verdes, com algumas partes castanhas dentro. Ela ficou um tempão ali parada, e todo mundo ficou esperando. Aí ela começou a ficar de joelhos bem devagarinho. Ela ajoelhou e falou bem baixinho:

— Titia M, titia M.

O menino do canto do palco parou de soprar o punho. Ninguém se mexeu. Foi um silêncio de verdade. A Jessica falou baixinho: "Titia M, titia M", e depois parou. A boca dela se mexeu, mas não saiu nenhuma palavra. Ela se deitou no chão e apoiou a cabeça no braço.

— O que foi? — berrou o senhor Stolmatsky. — Você esqueceu o resto?

A Jessica levantou a cabeça muito devagar, e eu vi que ela estava chorando. O senhor Stolmatsky ficou muito surpreso e não falou mais nada, mas eu sabia que ela não tinha esquecido.

Alguns segundos depois, o senhor Stolmatsky falou:

— Excelente, querida, você realmente fez todo mundo se preocupar com a Dorothy.

A Jessica olhou um tempão para a cara dele.

— Cala a boca, senhor Stolmatsky — ela falou.

(Eu aprendi a falar não faço ideia com a minha mãe. Ela sempre fala isso quando eu faço para ela as charadas da minha revista semanal preferida. A minha pergunta favorita é: "Por que o louco joga um relógio pela janela?".)

7

Ele queria ver o tempo voar.

Não fui eu que escrevi isso.
Estou no Centro de Bem-Estar para Crianças faz uma semana. Eu odeio este lugar. Quero matá-lo. O que mais odeio aqui é o café da manhã. É numa salona barulhenta com mesas compridas, onde a gente come com outras crianças que você quer morrer só de olhar para elas.
A senhora Cochrane e as crianças da minha ala ficam todos numa mesa. Tem o Phil e o Robert e o Manny e o Howie. O Robert só tem sete anos. O Howie tem nove, e os outros têm oito como eu. O Robert chora sem parar, o que me deixa nervoso, para falar a verdade, e ele faz xixi na cama toda noite, e o fedor é muito forte. Ele dorme na minha frente, do outro lado do corredor. Do meu lado, dorme o Howie, o menino que tem muitas cicatrizes. O Phil nunca fala nada, ele é silencioso e só fica sorrindo o tempo todo, e eu nunca sei por quê. Acho que ou ele é muito feliz ou o rosto dele ficou congelado nessa posição. (A mamãe fala que, quando eu faço cara feia, vou congelar assim. Então eu falo: "Ainda bem, porque aí eu nem preciso mais fazer cara feia. A minha

cara vai ficar brava sozinha".) O Manny tem a mesma idade que eu, e também é judeu. Ele tem cabelo preto cacheado e fala "oi" toda hora.

Hoje no café da manhã, eu fiz um hipopótamo de mingau que depois secou. Eu fiz uma caminha para ele com a torrada de canela e um cobertor com o guardanapo. Aí peguei a minha colher e bati nele até matar. Esmaguei a cabeça, cortei no meio e espalhei a gosma no prato. A senhora Cochrane ficou brava, e me perguntou por que eu tinha feito aquilo. Eu falei que era porque ele era um hipopótamo malvado, porque ele tinha matado a Jessica. Ele havia arrastado a Jessica até o rio e tinha matado ela. E o Robert perguntou:
— Que rio?

Eu joguei o meu suco de laranja na cabeça dele e falei:
— Esse rio aqui.

Logo me levaram para o doutor Nevele.

Ele ainda estava de sobretudo, o que para mim foi uma surpresa, porque eu achava que ele morava no Centro de Bem-Estar para Crianças, mas ele não mora. Acho que ele mora num shopping center.

— Bom dia, senhor — ele me falou sorrindo. — Vamos passar à minha câmara?

Eu não quis. Foi aquela palavra. Eu não quis. Tentei sair correndo, mas a senhora Cochrane me segurou.

— O que foi agora? — o doutor Nevele falou.

A senhora Cochrane contou sobre o café da manhã.

— Não — eu falei. — Não é isso.

— Então o que é?

— Você sabe — falei.

— Não, eu não sei — disse o doutor Nevele. — Não faço ideia. Agora, por favor, entre.

— Não quero entrar na sua câmara — gritei.

— Burton!
— Não vou. Vou ser bonzinho daqui para frente, prometo. Não me mate! Não me mate, doutor Nevele!
— O quê? Como assim, Burt, por que você está falando isso, meu filho?
E eu comecei a gritar. Tentei fugir, mas ele me segurou, e eu dei um chute nele e mordi para escapar. Eu tinha que fugir.
— Senhora Cochrane, leve-o para a Sala de Descanso. Lá ele se sente seguro.
E eu corri para lá. Sozinho. Porque o doutor Nevele falou câmara. Porque, quando eu tinha cinco anos, vi um filme que até hoje me dá pesadelos. Era um filme sobre uma sala onde eles torturavam as pessoas. Lá tinha uma coisa em cima da barriga que apertava a pessoa até as tripas saírem pelos furinhos como espaguete, e a pessoa sangrava até morrer, e tinha um homem de capa preta que era médico, igual ao doutor Nevele. O nome do filme era *A câmara de horrores do doutor noite*.

Tinha alguém na Sala de Descanso. Imagine a minha surpresa. Era o homem de cabelo ruivo da Sala de Jogos. Ele também parece médico. Ele ficou surpreso quando eu entrei correndo, aí decidi sair.
— Não vá — ele falou. — Não vá. Eu estava de saída. Eu já estava indo embora. Agora você assume o posto, certo, camaradinha?
Ele estava de gravata dessa vez, tipo bem-vestido. Eu fiquei na Sala de Descanso, mas ele não foi embora. Ele só ficou lá sentado.
— Já estou indo — repetiu. — A qualquer momento.
Aí ele fez uma coisa engraçada. Ele pôs os dedos na altura

dos olhos e os balançou, e tipo cantarolou, só que era um barulhinho, e não uma música.
— Você não devia se sentar no chão com essa roupa elegante — falei. — Você vai ser punido.
Ele levantou o olhar para mim. Os olhos dele eram verdes com partes castanhas, como os olhos da Jessica.
— É verdade — ele falou. — Mas, até agora, está tudo bem.
E depois ele se levantou e foi embora.
Então eu estava quase escrevendo isso na parede da Sala de Descanso quando vi que alguém tinha escrito:

Ele queria ver o tempo voar.

E não tinha sido eu.
Então, fui atrás dele porque ele não devia ter escrito na minha parede. Ele desceu para a Sala de Jogos. A porta estava aberta. Fiquei olhando para ele pela janelinha. Ele estava lá dentro com aquele menininho negro de cor que eu tinha visto antes, aquele que é meio maluco. O homem ruivo estava engatinhando no chão com ele, e o menininho estava chorando sem parar. Então o homem ruivo me viu. Ele ficou de pé e me mandou entrar. Eu entrei.
— Este aqui é o Carl — ele me falou. — Ele morde.
Então, saiu da sala e fechou a porta. E eu fiquei sozinho com o Carl. Que morde.
Ele se levantou e, de repente, começou a correr pela Sala de Jogos o mais depressa que conseguia e trombou na porta. Então, caiu para trás e continuou andando sem chorar nem nada. Aí ele sentou. Aí ele levantou. Aí ele fez um círculo e andou em cima de uns brinquedos e depois sentou de novo. Eu não falei nada, acho que ele nem percebeu que eu estava ali. Ele pegou um saquinho de arroz do chão do jogo das

cinco marias e pôs na boca. Os olhos dele ficaram engraçados. Um para lá e outro para cá. Ele piscou e balançou a cabeça. Começou a enfiar os brinquedos na caixa de qualquer jeito.
— Não é assim — falei.
Mas ele ficou só assobiando. Então ele levantou, andou até a parede, sentou ali encostado, pôs a mão na frente dos olhos e começou a balançar os dedos. Era a mesma coisa que o homem ruivo da Sala de Descanso tinha feito.
O Carl deitou e rolou no chão. Então, derrubou o trepa-trepa de plástico, que quase caiu em cima dele. Aí ele sentou de novo encostado na parede e começou a balançar o corpo para frente e para trás, batendo com a parte de trás da cabeça na parede. De repente ele sentou reto, pôs as mãos na barriga e ficou ali sentado como um menino bem-educado. Eu falei:
— Você está sentado como se deve, Carl, como um bom cidadão.
Ele cantarolou, só barulho, não música, como o homem ruivo tinha feito. Então, ele levantou e andou até um carrinho de mão vermelho que tinha na Sala de Jogos. Aí subiu e sentou no carrinho de mão como um bom pequeno cidadão.
— Não é para sentar no carrinho de mão — falei. — É para levar coisas dentro.
Mas ele continuou sentado lá. Ele parecia uma estátua naquele carrinho de mão vermelho. (Tinha escrito "Carrinho de mão vermelho" do lado.) Peguei um saquinho de arroz do jogo das cinco marias e joguei para ele, mas ele não se mexeu, e o saco bateu na cabeça dele.
— Você tem que pegar e jogar para mim de volta — falei.
— É melhor você sair daí antes que o homem ruivo volte. Senão você vai ser punido.
Então a porta se abriu, e entrou um enfermeiro. Ele pegou

a mão do Carl e tentou tirá-lo do carrinho de mão vermelho, mas o Carl não quis sair dali.

— Vamos, pare de me dar trabalho — o enfermeiro, que era um homem grandão e peludo, falou.

O Carl mordeu a mão dele. Eu vi que começou a sair sangue, e o enfermeiro berrou: "Seu moleque desgraçado!" e agarrou o Carl pelos ombros para que ele não conseguisse se mexer, depois torceu os braços dele para trás. O Carl gritou, chutou e tentou morder mais, e o enfermeiro quase não estava mais conseguindo segurar ele. Aí ele soltou o Carl.

— Eu já volto — falou.

O Carl parou. Ele parou de repente como um desenho animado. Aí ele fez um barulho com a boca.

— Me *empuça*.

Cheguei perto dele. Ele olhou de lado, e eu estendi a mão para ele, e ele nem mordeu. Ele falou de novo "me *empuça*". Aí ele pegou a minha mão e me puxou, mas eu larguei. Aí ele gritou muito agudo, como uma sirene, e eu fiquei muito bravo e berrei para ele:

— Cala essa boca, Carl, você não sabe que eles vão voltar com o cinto e vão te punir e bater na sua cara e mostrar quem é que manda e que é para o seu bem? Diabo! Eu não consigo te entender.

Aí eu também comecei a chorar e nem sei por quê, já que eu não tinha nada a ver com aquilo. Ele pegou a minha mão e a pôs no carrinho de mão.

— *Empuça*.

O enfermeiro voltou logo com outro homem, só que o Carl não estava mais no carrinho de mão. Ele estava sentado como um bom pequeno cidadão numa cadeirinha perto da janela da Sala de Jogos.

Eles olharam para mim.

— Ele só queria que alguém o empurrasse — falei.
Eles levaram o Carl embora, e eu voltei para a Sala de Descanso. Estava pensando no homem ruivo que balançava os dedos na frente dos olhos e fazia barulho como o Carl. Ele era médico, mas não se comportava como médico. Ele era como um menininho. Como eu.

```
Rembrandt, Burton (cont.)
10/12

Rudyard Walton, terapeuta na nossa instituição
faz um ano, demonstra muito interesse por esse
paciente, apesar de ele fazer parte da ala Sul-
Oeste, onde trabalha especialmente com crianças
autistas e com retardo mental.
  O trabalho de Walton, até aqui bastante
elogiado por seu departamento, caracteriza-se
supostamente pela figura do "curador ferido",
lidando individualmente com cada paciente e,
efetivamente, assimilando ele mesmo os sintomas
do paciente, estabelecendo assim, imagino, uma
relação de empatia.
  Ele nega qualquer envolvimento terapêutico
neste caso, insistindo que simplesmente "gosta" do
menino e aprecia sua companhia. Não obstante, pedi
que ele gentilmente se dedicasse exclusivamente
aos seus pacientes da ala Sul-Oeste.
  A interação de Walton com esse paciente pode
vir a se revelar prejudicial para o progresso
do menino. Claramente, sua técnica é projetada
para, a princípio, reforçar os comportamentos
existentes da criança, deixando a modificação
do comportamento para mais tarde, depois que a
relação já tiver sido estabelecida.
```

Ainda que talvez se mostrem efetivas em casos graves de autismo, essas técnicas são inapropriadas em se tratando de sociopatologias.

Para efeito de registro, relato que o senhor Walton, comprovadamente, deixou um de seus próprios pacientes, um menino gravemente autista chamado Carl, sozinho com Burton Rembrandt, sem nenhuma supervisão, e, como resultado dessa postura negligente, um enfermeiro foi gravemente ferido por uma mordida do menino. Isso é claramente contrário à política desta instituição. (Mais tarde, Walton alegou que o abandono fora intencional, e que ambos os meninos se beneficiaram com isso. A questão, contudo, será submetida ao Comitê de Supervisão na próxima semana.)

Walton também comentou achar que o caso de Rembrandt não deveria ser tratado por esta instituição.

Ele acha que o menino não deveria ficar internado aqui. Defendo, contudo, que o comportamento do menino continua a ser não apenas perturbado, como também recentemente ele manifestou sintomas de esquizofrenia paranoide, envolvendo alucinações sobre assassinos, em meu consultório, claramente motivadas pela culpa associada às suas ações contra a menina Jessica.

Minha opinião definitiva é que o menino é seriamente perturbado e deve ser mantido aqui, provavelmente por algum tempo.

Isso estava num papel. Eu roubei esse papel da mesa do doutor Nevele quando eu estava lá.

8

Enquanto eu estava sentado na Sala de Descanso, a senhora Cochrane veio e me disse que, no dia seguinte, eu tinha que ir ao dentista, pois essas eram as regras do Centro de Bem-Estar para Crianças. Então, segurei o braço dela e mordi como o Carl, e ela me deu um tapa na cara. Aí eu comecei a gritar o mais alto que pude: "Vou matar alguém, vou matar alguém!".

Ela me deixou sozinho na Sala de Descanso. Mas, quando chegar lá no dentista, eu vou matar ele. Eu odeio dentista. Em casa, eu também tenho que ir. A mamãe me leva.

A primeira coisa quando você entra é o cheiro. Eu já fico enjoado e com medo. Quando abre a porta, toca um sino. Tem uma janela na parede que não dá para ver através, e atrás dela tem uma enfermeira que faz ela deslizar para abrir e pergunta meu nome. Aí eu sento. Tudo é silencioso, menos o aquário com bolhas lá dentro. Sai uma música do teto. Na parede tem fotos de crianças rindo e piscando para mim, todas muito felizes.

A porta se abre, e a enfermeira chama meu nome toda sorridente. Eu sou obrigado a entrar. Entro na sala, tem um barulho de água, e ela me faz sentar na cadeira que deita. Depois, ela põe a cadeira para trás e me põe um babador e uma coisa atrás do meu pescoço. A broca paira sobre mim com todos os seus fios, rodinhas e caninhos. Ela se abaixa. Tem várias pontas que ele fica trocando. Cada uma delas está lá para me machucar. Então eu sento lá e não acontece nada, mas eu ouço uma criança na sala do lado gritando. Aí entra a enfermeira e fala: "Abre". Ela fala bem baixinho. Todo mundo no dentista fala baixinho, e eu morro de medo disso. Então, ela enfia umas faquinhas na minha gengiva e raspa os meus dentes.

Aí o doutor Stahl entra correndo, com muita pressa, fingindo que está muito feliz, só que eu sei que ele não está, porque uma vez eu chutei o saco dele. Isso foi quando eu tinha cinco anos. Mas agora eu sei que no dentista é preciso se comportar como um menino educado e um bom cidadão. Ele tem a broca, e eu, não. O doutor Stahl olha o meu papel e depois olha a minha boca e depois olha de novo o meu papel e depois olha de novo a minha boca. Ele tem um pauzinho com um espelho na ponta e fica olhando dentro da minha boca (às vezes eu finjo ser ele com uma colher, mas a colher vê de ponta-cabeça). Então, eu pergunto se tenho alguma cárie, mas ele só fala "Abre".

Aí ele pega todos os instrumentos dele, faz barulho nos meus dentes falando "Toc, toc, toc, quem está aí?".

Ele está tentando ser engraçado, mas isso não tem graça nenhuma. Ele fala: "Avise se estiver doendo", mas eu não consigo porque a mão dele está na minha boca. Então ele pega uma coisa pontuda e enfia no meu dente e mexe, e eu sinto um choque elétrico nas costas de tanto que dói. Aí ele fala: "Agora vamos ver como está o andar de baixo".

Ele olha o meu papel e faz uns risquinhos. Eu pergunto: "Fala, por favor, eu tenho alguma cárie que precisa furar?". E o doutor Stahl fala: "Abre."

Ele aperta uma coisa de metal na minha boca com algodão na ponta e enfia o caninho que suga embaixo da minha língua. Esse caninho fica sugando a minha boca inteira e a minha língua, e aí ele pega a broca e põe na minha boca e começa aquele barulho, como se fosse um avião a jato fazendo decolagem dentro de mim, e fica muito quente, e a minha cabeça gira e dói tanto que eu acho que vou cair no chão. Então, ele se inclina sobre mim, e eu olho para ele, e ele não está mais sorrindo. Dói muito. Tento pedir para ele parar um segundo, mas não consigo, porque ele ainda está furando e, se eu me mexer, pode cortar a minha língua. Eu quase levanto de tanta dor, mas ele me prende com o cotovelo. Aí eu ouço uma sirene na minha cabeça, uma ambulância vindo me salvar. A broca atravessa a minha boca e entra na minha cabeça e meu sangue lá dentro está doendo. Não vem ninguém me salvar. Ninguém vem me ajudar. Ninguém.

Quando eu saio da sala, a mamãe fala: "Está vendo, não foi tão ruim assim, foi?".

E ontem à noite, no Centro de Bem-Estar para Crianças, eu pensei no dentista e fiquei chorando até dormir, porque tenho medo, e a mamãe não está junto. Eu quero ir para casa.

E hoje de manhã, em vez do café da manhã, fui para a Sala de Jogos e fiquei olhando pela janela, porque não tinha ninguém. Fiquei vendo os carros e pensei se algum deles estava indo para a minha casa. Aí eu ouvi a porta da Sala de Jogos se abrir. Mas eu não me virei. Não queria ver ninguém.

Ficou um tempo sem nenhum barulho, até que ouvi alguém cantando. Era um homem. Ele estava cantando: "Estou sozinho, essa noite, com minhas penas, estou sozinho...". Era uma voz baixinha. Eu olhei pela janela. Não me virei. Ele cantou mais um pouquinho. Ele cantava bem. (Na escola, eu sou bom em Música. No semestre que vem, vou para o coral. A senhorita Allen prometeu. Uma vez a gente cantou uma música, "Três Pequenos Cabritos", e a senhorita Allen escolheu três alunos especiais para cantar durante a assembleia: o Kenny Aptekar, o Gary Faigin e eu. Tive que faltar à aula de Ciências duas vezes. E depois tem outra música, "O Cortador de Pedra", tem uma parte onde as rochas ficam explodindo com a dinamite e tem que gritar "FOGO!" bem alto. E o certo é gritar fogo bem alto porque está em letras grandes, mas todo mundo tem medo de gritar porque, se ninguém mais gritar, a pessoa faz papel de bobo. Mas a senhorita Allen é muito simpática. Um dia, eu estava na aula de Música, uns dias depois da palestra com o policial Williams, e a gente estava cantando "Me traz a paz, grande rio", e só eu sabia cantar a parte da harmonia. Então a senhorita Allen falou para eu me levantar e cantar sozinho. O Harold Lund riu e me chamou de mulherzinha. Então, eu fiquei com vergonha. Aí alguém entrou na aula de Música. Era a Jessica, com um bilhete da senhorita Verdon, a professora de Artes. A senhorita Allen me mandou continuar cantando enquanto ela lia o bilhete. Então eu fiz uma coisa. Comecei a cantar "Heartbreak Hotel". Cara, essa música é legal, é do Elvis, eu sei imitar o Elvis, perfeito. Fiquei cantando cada vez mais alto e fechei os olhos. Quando abri os olhos, a Jessica nem estava olhando para mim, e eu parei. Mas, quando ela saiu, olhou para mim e sorriu assim.)

Eu me lembrei disso, olhando pela janela na Sala de Jogos, e aí a pessoa que estava cantando falou uma coisa.

— Você quer chiclete?

Era o homem ruivo. Eu não respondi.

Ele cantou de novo: "Estou sozinho, essa noite..."

Os carros passaram lá fora da janela, e eu achei que tinha visto o nosso carro. Então comecei a bater na janela, mas não era.

"Vou ser sempre sozinho..."

Fiquei vendo o carro ir embora, e pensei: talvez fosse o nosso carro, mas os meus pais não me querem mais por causa do que eu fiz com a Jessica.

— Perguntei se você queria chiclete — repetiu o homem ruivo.

— Não — respondi.

E aí ele não cantou mais. Mas eu também não me virei. Mas ouvi ele soprar uma bola que estourou e ele disse merda.

— Não pode falar palavrão — falei. — Não é educado.

— Também não pode mascar chiclete — ele falou. — Só que, sem mascar chiclete, como a pessoa vai ter cárie?

— Chiclete dá cárie.

— Foi o que eu disse.

Eu me virei. Ele estava sentado numa cadeirinha de criança.

— Mas não é bom ter cárie — falei.

— Quem disse isso?

— Não é bom.

Fiquei muito bravo e virei as costas para ele, na direção da janela. Então o homem falou baixinho:

— Eu sei, eu sei.

Sentei na cadeirinha laranja perto da janela e dei uns chutes no tapete, que às vezes dá um choquinho elétrico.

— Eu gosto de ter cárie — o homem ruivo falou. — Queria ter logo obturação em todos os dentes antes que seja tarde. O meu dentista não vai viver muito tempo. Ele vai se matar logo.

— Por quê?

— Por que o quê?

— Por que ele vai se matar?

— Ah — o homem ruivo falou, e estourou outra bola de chiclete. — Porque ele é dentista. Você não se mataria?

— Como assim?

— Ora, todo mundo odeia dentista. Até o filho do dentista. O filho desse cara odeia ele, mas por outro motivo. Sabe, quando ele era pequeno, o dentista resolveu fingir que não era dentista, para que o filho não tivesse tanto ódio dele. Ele falou para o filho que era um jogador profissional de beisebol. Ele saiu e mandou fazer um uniforme do time dos Tigers, e todo dia ele vestia o uniforme para sair e para voltar para casa, só que, antes de entrar, sujava um pouco o uniforme. Ele mandava imprimir jornais falsos falando sobre ele e colocava no meio da seção de esportes. Mas, quando o filho entrou na escola, descobriu que ninguém nunca tinha ouvido falar do pai dele. Então o dentista mandou fazer figurinhas falsas de beisebol, entrava nas lojas e enfiava as figurinhas nos pacotinhos de chiclete.

"Até que ele se tornou amigo do Ozzie Virgil, o terceira-base do Tigers, convidou ele e a mulher para jantar e tratou dos dentes dos filhos do Ozzie de graça. Ele convenceu o Ozzie a participar daquele esquema. Então, quando finalmente o filho estava com oito anos, o dentista levou ele pela primeira vez para ver um jogo. O filho estava muito animado. Eles foram direto para o banco, mas infelizmente era cedo, e o Ozzie Virgil ainda não tinha chegado, e não deixaram que ele entrasse, e então eles encontraram o Ozzie na saída, e a primeira coisa que o Ozzie falou foi: 'Ei, Stan, caiu uma obturação do Joey, será que a Gladys pode levar ele hoje mais tarde?'

"Isso já faz cinco anos. O filho do dentista nunca mais falou com o pai. É uma questão de tempo até o dentista se matar."

Fui até o armário de brinquedos do outro lado da Sala de Jogos. Tinha uma boneca lá, uma menina de cabelo castanho e uma fita como a da Jessica. Ela estava sem nenhuma roupa, e eu senti uma dor na barriga. Eu também tinha medo de ir ao dentista.

— Hoje tenho que ir — falei para o homem ruivo.

Ele assentiu com os olhos fechados, como se já soubesse.

— Por falar nisso, Burt, eu me chamo Rudyard.

Tinha outra boneca no armário de brinquedos, uma loira sem fita. Joguei todas na parede, e os braços caíram. A minha barriga estava doendo tanto que eu não conseguia ficar mais de pé. Era como se tivesse gelo dentro do meu bumbum, dentro mesmo. E eu tive que ir ao banheiro.

Eu estava quase chorando e mordi os lábios. Olhei para o homem ruivo, para o Rudyard, e ele olhou para mim com aqueles olhos dele. Ele levantou e veio andando na minha direção. Então, pegou um lenço e secou os meus olhos bem de levinho.

— Está empoeirado aqui dentro — ele falou. — É alergia ao pó que tem aqui dentro.

Eu comecei a chorar, e ele pôs a mão na minha cabeça.

— Rudyard, preciso ir ao banheiro, tem alguma coisa errada na minha barriga. Estou com medo. Tenho medo de dentista.

Ele fez assim atrás da minha cabeça com a mão, apertou um pouquinho a minha cabeça e me fez encostar nele. Ele tinha um cheiro igual ao do papai.

— Rudyard, tenho que ir ao banheiro, só que nunca fui aqui embaixo, não sei onde é o daqui.

— Eu sei — ele falou. — É um banheiro bom.

Então comecei a chorar.

— Rudyard, tem alguma coisa errada comigo. Eu sou diferente de todo mundo.

O Rudyard apertou a minha cabeça e fez assim com o meu cabelo, e eu empurrei a cabeça até encostar nele.

— Eu também, Burt. Vamos.

Hoje recebi uma carta. Achei que era da Jessica, mas não era.

7 de dezembro

Querido Burt,

Acabei de falar com o doutor Nevele pelo telefone, e ele me disse que ainda falta um pouquinho de tempo para nossa primeira visita ao Centro de Bem-Estar para Crianças. Então, decidi escrever um bilhete, enquanto ainda estou pensando em você.

Como estão as coisas, meu querido? Seu pai e eu (e o Jeffrey!) estamos com muita saudade e não vemos a hora de você voltar para casa. Sabemos que você também quer vir para cá e é por isso que estou escrevendo este bilhetinho.

O doutor Nevele parece ser um cara realmente ótimo. O papai e eu o achamos muito simpático, Burt, e pensamos que seria ruim se, depois de tanto trabalho e tanto tempo que ele tem dedicado a ajudar você, você também não o ajudasse. É mais do que justo, Burt. Ele realmente quer ajudar você. Ele sabe um monte de coisas sobre meninos, sobre o que os faz fazerem isso e aquilo, e seria muito ruim desperdiçar o tempo dele, não é mesmo? É claro que você sabe disso. Todos nós sabemos que você ficou triste com o que fez e quer consertar tudo o mais depressa possível, e por isso sabemos que você vai ajudar o doutor Nevele a descobrir logo o que há de errado com você e então consertar rapidinho para você voltar para casa. Não vai ser uma maravilha? Claro que vai, e temos certeza de que você quer fazer todo o possível para que isso aconteça. Sabe, filho, não é só você que precisa descobrir por que fez aquelas coisas horríveis com a Jessica. O seu pai e eu também vamos ver um médico. Um médico que o doutor Nevele recomendou, para perguntar se foi alguma coisa que o papai e eu podíamos ter feito, porque, de alguma forma, nós fracassamos como pais. Na verdade, o papai conhece esse médico do clube. Então, vamos todos almoçar com ele na semana que vem e conversar sobre isso. Não vai ser ótimo? Claro que vai.

    A mãe da Jessica veio nos visitar novamente outra noite. Ela ainda está muito chateada. Nós perguntamos se ela queria ficar para jantar, mas ela não pôde. Acho que ela ainda está muito brava com tudo o que aconteceu. A Jessica já saiu do hospital. Ela falou que ia escrever uma carta para você, mas a mãe dela disse que não podia, então, por favor, não fique triste se ela não escrever. É claro que você entende, você é um homenzinho incrível. Na verdade, o seu pai e eu também achamos que é melhor mesmo você nunca mais encontrar a Jessica. A mãe dela vai matriculá-la em uma escola particular assim que começar o próximo semestre, e nós achamos que talvez seja mesmo melhor assim. É claro que você entende porque você é um menininho muito esperto.

Oh, por falar nisso! O Kenneth veio hoje de manhã trazer umas figurinhas de beisebol que ele disse que você queria. São do Tigers! Não sabemos se você pode assistir aos jogos aí, mas saiba que nesta temporada eles vão arrebentar! Na semana passada, o papai levou o Jeff a um jogo, e eles se divertiram muito! Foi o melhor dia da vida deles! Eles vão de novo na semana que vem, e dessa vez eles vão ficar no camarote do tio Paul. Não é uma maravilha? É uma pena mesmo que você não possa ir. Fica para uma próxima.

O doutor Nevele disse que não seria uma boa ideia enviar as figurinhas de beisebol agora. Então, vamos guardá-las aqui em casa, para quando você voltar. Não tem ninguém aí com quem trocar, então as figurinhas vão ficar aqui mesmo, esperando você em casa. Além disso, talvez você ganhe também outros presentes! Lembra aquele dinossauro que você quis na Maxwell? O papai e eu vamos dar para você! Se você for bonzinho e ajudar o doutor Nevele, o dinossauro também estará esperando você aqui em casa.

Bem, acho que eram essas as nossas novidades. Por favor, ajude o doutor Nevele para você poder voltar logo para casa e brincar com seus brinquedos. Não vai ser uma maravilha? Claro que vai!

Muito amor,
Mamãe e papai

9

Depois das férias, a minha nova professora principal era a senhorita Iris. Ela é uma professora simpática, jovem e usa muita maquiagem. Ela tem o cabelo loiro. Ela pinta as unhas e tem roupas legais como as que usam na televisão. Ela usa um perfume maravilhoso. Ela também é boazinha, cara, e nunca grita. Uma vez, ela falou para a gente: "Criançada, vocês podem até pisar em mim que eu deixo", mas eu nunca pisei nem andei nela.

(No último semestre, foi a Krepnik, que é malvada. Uma vez o Andy Debbs estava com o dedo no nariz quando tocou o sinal, e a Krepnik viu. Ela gritou: "Menino nojento, não sabe que isso é um hábito asqueroso?". Mas o Andy não falou nada porque é tímido, e ela berrou: "Já para o banheiro lavar essas mãos!". O Andy se apoiou na carteira para sair, e a Krepnik falou que então ele tinha que lavar a carteira também, porque encostou nela. "Quem ensinou esses modos para você?". a Krepnik berrou, e o Andy Debbs falou: "Ninguém, eu aprendi sozinho!". Andy Debbs é do orfanato. A senhorita Krepnik é malvada com as crianças do orfanato porque elas são pobres, mas eu acho que ela é que é um hábito asqueroso.)

Mas a senhorita Iris é simpática com todo mundo. Uma vez, porém, aconteceu uma coisa. Eu cheguei em casa, e a senhorita Iris estava na cozinha, almoçando com a mamãe. A mamãe falou: "A Dolores passou aqui depois da reunião com os pais. Quer ficar aqui com a gente, Burt?" Eu subi correndo para o meu quarto e bati a porta. Não é certo ver a professora depois da escola. A senhorita Iris estava de calça.

Mas, no terceiro dia do novo semestre, a senhorita Iris avisou que no dia seguinte a gente ia passear no zoológico. Ela deu um papel de permissão, mimeografado. Fiquei uma hora cheirando o meu. Ela falou que ia ter piquenique no zoológico, mas todo mundo tinha que levar seu lanche.

No dia seguinte, acordei sozinho, bem cedo. Eu mesmo fiz o meu café da manhã, ketchup e uma barrinha de chocolate Mars. O Shrubs veio me chamar. Ele tocou a campainha e acordou todo mundo. Todas as turmas do terceiro ano têm que ir sempre ao zoológico: a turma da senhorita Hellman, a da senhorita Craig e a nossa. A nossa foi de ônibus. A senhorita Iris contou todo mundo, aí ela se aproximou de mim e falou:

— Posso me sentar do seu lado, Burt?

Eu falei não, mas ela sentou mesmo assim. Aí a gente foi.

Mimeógrafo. M-I-M-E-Ó-G-R-A-F-O. Mimeógrafo.

No zoológico, a gente tinha que ter um companheiro que era a pessoa que ia sentada do seu lado, então a senhorita Iris era a minha companheira. Eu falei:

— Pode ser o Shrubs aqui?

E ela respondeu:

— Mas por que, Burt? Assim eu fico triste.

No zoológico tem árvores, cercas e coisas de cimento com os bichos dentro, além de barraquinhas de refresco. Tem uma trilha de pegadas grandes de elefante amarelo. Eu perguntei para a senhorita Iris se era de verdade, e ela falou claro que sim. A gente seguiu as pegadas. Elas davam no Trem do Zoológico.

— O trem é assim tão pequeno porque o elefante esmagou ele? —perguntei.

— Oh Burt, você não existe!

Então, ela enfiou a chave com forma de elefante no livro sonoro, que fala coisas sobre os animais, e o Shrubs falou:

— Vou apertar o botão Cão de Caça —, mas logo o trem chegou.

Parece um pouco o do parquinho Paraíso das Crianças, só que mais real. A senhorita Iris me perguntou se eu ia proteger ela de todos os animais selvagens e eu respondi que não.

O trem deu a volta no zoológico inteiro. A senhorita Craig ficava falando para a gente dar tchauzinho para todos os animais, e o Marty Polaski falou que ia mandar um cartão-postal para os bichos. Algumas vezes o trem fazia uma curva, e a senhorita Iris escorregava em cima de mim, e eu me sentia estranho. Ela tinha passado perfume. Então, de repente, o Marty Polaski começou a gritar: "O gorila está me atacando, o gorila está me atacando!".

Todo mundo se virou. Ele apontou e falou:

— Olha quem é o gorila! — Era a Marcie Kane, que estava sentada do lado da Jessica, porque elas eram melhores amigas.

Depois o trem chegou lá nos chimpanzés. Eles enfiavam o dedo no nariz, como o Andy Debbs, e o Shrubs começou a cantar:

Todo mundo limpa o nariz,
Limpa o nariz, limpa o nariz,
Todo mundo chupa os dedos,
Chupa os dedos, chupa os dedos

Mas a senhorita Hellman mandou parar. Ela não gosta de música.

A gente chegou aonde estavam as cobras, que mostraram a língua, e eu morri de medo. Então, fomos lá nos pinguins de fraque e também nos antílopes. E depois chegou a hora de almoçar. Eu comi sanduíche de atum, estava morninho e molinho como eu gosto, e depois uma maçã e um bolinho Twinkie. A mamãe tinha deixado na geladeira para eu levar. (O saquinho estava com um clipe de prender papel. Ela devia estar sem grampo.) Cada turma ficou com uma mesa na parte onde se faz piquenique. A senhorita Iris tomou uma limonada que ela mesma fez. A senhorita Hellman levou uma caixa com refrigerante dentro e fez o motorista carregar para ela.

Eu gosto de comer sozinho para poder fingir que estou fazendo coisas. No zoológico, fingi que estava no topo de uma árvore, comendo o meu almoço que eu tinha matado com uma faca, e que lá embaixo tinha os homens que eram inimigos, porque eles não são bons pequenos cidadãos da selva. Então aconteceu uma coisa. Um desses homens me viu e veio até a minha árvore. Era um caçador branco.

— Quer? — falou o caçador.

Ele me mostrou uma garrafa de refrigerante de laranja Nesbitt, eu bati, e caiu da mão dele e derramou no vestido verde porque ele era a Jessica.

Ela olhou para o chão. O dedo dela estava pingando refrigerante. Ela ficou ali parada com o braço esticado.

— Achei que você podia querer refrigerante de laranja em vez de limonada.
Eu respondi:
— Umgawa.
Então, o Marty Polaski começou a berrar:
— O Burton tem namorada, o Burton tem namorada!
— Melhor calar essa boca — falei.
— Vem me fazer calar.
— Tenho medo de sujar minhas mãos.
— Mãos? Você quer dizer patas.
Então, eu dei um soco nele. Mirei na barriga, mas acertei no rosto dele sem querer, e ele caiu no chão. Então ele me chutou no pipi, e eu não consegui mais levantar. Ficou tudo girando. Aí eu rolei embaixo dele, e ele caiu em cima de mim, e eu dei outro soco nele, e ele se levantou, mas eu corri atrás dele, peguei ele e joguei ele no chão, mas ele me chutou de novo no pipi, e eu não vi mais nada. Ele ficou em cima de mim.

E depois, sem que eu entendesse como, ele sumiu e eu me vi na grama e a senhorita Iris estava inclinada sobre mim. Senti o perfume dela. Ela estava perguntando sem parar se eu estava bem. Eu me levantei. Tive que me segurar em alguém. Ele estava lá onde eu precisava, quando precisava dele, o Shrubs.

Nesse momento, eu vi um monte de crianças perto de um bebedouro. Estava todo mundo olhando para o Marty Polaski, que estava na grama com um corte na cabeça. O Shrubs falou que a Jessica Renton tinha batido nele com a garrafa de Nesbitt laranja quando ele montou em cima de mim. Eu vi a senhorita Hellman segurando firme a Jessica e gritando com ela. A água do bebedouro saía da cabeça de um leão. Ele estava vomitando.

Sentei na mesa, e a senhorita Iris sentou do meu lado. Ela fez assim no meu cabelo e falou:

— Está tudo bem, querido? Posso fazer alguma coisa por você?

— Pode — falei. — Não me chama de querido, combinado?

Logo depois, a gente voltou para ver os bichos. Todo mundo trocou de companheiro. Eu fiquei com o Shrubs. Ele estava mancando. Eu perguntei:

— Por que você está mancando?

E ele respondeu:

— O leão comeu o meu joelho.

A gente foi obrigado a ver os pássaros. Eu odeio os pássaros porque eles nem mesmo são selvagens e fedem. Quando a gente chegou, o Shrubs e eu não entramos, a gente ficou esperando lá fora e fazendo um plano para uma emboscada quando o Marty Polaski saísse. A gente ia cobrir a cabeça dele com a minha camisa e bater nele. Aí o Shrubs falou que não queria, porque queria mesmo era ver os alces, porque tinha um que ele conhecia.

Eu perguntei qual. Ele respondeu o Bullwinkle, o alce do desenho.

Tem vezes que o Shrubs é meio imbecil, eu pessoalmente acho. Uma vez ensinei ele a falar idiota, e ele ficou na frente da casa dele falando idiota para todo mundo que passava.

Todo mundo começou a sair da casa dos pássaros. A primeira a sair foi a senhorita Iris. Ela falou:

— Pelo amor de Deus, Burt, por que você tirou a camisa? Você quer pegar uma pneumonia ainda por cima?

Eu falei que sim.

Depois a Jessica saiu e me viu. Então, ela veio na minha direção, e eu estava com vergonha porque dava para ver que eu tinha um machucado na barriga.

— Não importa se você está sem camisa — a Jessica falou. — O que dá doença são germes e bactérias, e não as correntes de ar. Só estou avisando.

— Como você sabe? — perguntei.

— Eu li numa revista.

— Mentirosa, você é nova demais.

— Eu li. A gente recebe pelo correio na minha casa. O papai é professor e me deixa ler tudo o que eu quiser.

— Grande coisa — falei.

E pus a camisa de volta, só que eu errei os botões e tive que abotoar de novo.

— Pegran pede pecoi pesa — falei. (É língua do pê, quer dizer grande coisa.)

Aí eu vi o Shrubs perguntando para o homem do zoológico onde estavam os alces. Então, todo mundo foi ver os porcos-espinho. Eles estavam todos dormindo dentro de um buraco, quase não dava para ver. Eu me lembrei de um desenho do Popeye em que ele era picado por um porco-espinho e depois ele bebia água que saía pelos furinhos. A Jessica ficou encostada na corrente que cercava o porco-espinho. Ela estava brava.

— Você não precisava derrubar a garrafa da minha mão — falou. — Você podia ter falado: "Não quero, obrigado." Manchou o meu vestido.

— Eu estava brincando de Tarzan — falei.

— Você é louco — ela falou, e foi ver as lhamas.

No mesmo lugar das lhamas, tinha um pássaro bem grande. Era um pássaro da Austrália, um Kookaburra. A Jessica ficou olhando para ele, e eu cantei uma música que tinha aprendido na aula de Música:

O Kookaburra empoleirado

Na velha seringueira
Rei da floresta ele é
Rei da floresta ele é
Pode rir Kookaburra
Pode rir grande rei
Pode cantar sua alegria

A Jessica ficou me olhando por um minuto, ouvindo minha música. Aí ela meio que balançou a cabeça.
— Não custa nada ser gentil — ela falou. — O papai sempre fala isso.
— E daí?
— E daí o quê?
— E daí?
— E daí o quê?
As lhamas estavam todas dormindo, mas não estavam dentro de um buraco, então dava para ver.
— Às vezes não leio as revistas — a Jessica falou. — Às vezes só vejo as figuras. Eu gosto de ver as roupas. São muito chiques.
— Nunca olho para a roupa — falei. — Nunca.
— Você olha sim, olha as roupas da senhorita Iris — ela falou.
— Não olho, não.
— Olha sim. Ela sempre senta do seu lado, e você fica olhando as roupas dela e, quando ela cruza as pernas, você olha os sapatos. Eu vi no ônibus.
Então nós dois olhamos as lhamas. Eles são bichos bem esquisitos, eu pessoalmente acho.
— Olha, tem uma bem bonitinha — a Jessica falou. — Ela é toda preta de meia branca, como o meu cavalo.
— Você não tem cavalo.

— Tenho sim.
— Onde?
— Eu sei onde, mas você tem que tentar adivinhar.
Eu fiquei olhando aquela lhama. Ela cuspiu no chão.
— Eu já tive um cavalo, Jessica, e mandei ele pisar na cabeça da senhorita Filmer. Aí, o sangue saiu pelos olhos dela, e tiveram que levar ela para a fornalha e queimaram ela inteira, e eu fui embora montado no meu cavalo.
— Aposto que a senhorita Filmer tinha cheiro de bosta — a Jessica falou.
Então eu fiquei bravo.
— Não se deve dizer bosta — falei. — É palavrão.
Mas a Jessica saiu andando e falando:
— Bosta, bosta, bosta, bosta...
Então, a gente foi ver os bisões. Eles estavam todos dormindo. Não dentro de buracos.
— Eu falo palavrão se eu quiser. Este é um país livre, Burton — a Jessica falou.
— O meu nome não é Burton — falei. — É Randy! — (Eu não sei por que falei isso.)
Aí a gente foi ver os jacarés, que são os meus bichos favoritos, porque uma vez quase peguei um em Miami Beach, na Flórida. Quando a gente foi lá, eles vendiam jacarés em caixinhas de papelão. Bebezinhos. No zoológico, eles ficavam numa ilha com um fosso em volta e depois uma graminha e também uma corrente ao redor. Sem jaula. Fiquei olhando para eles. (Eu tenho um jacaré em casa, o nome dele é Jaca. Ele já morreu. Eu comprei no aeroporto, ele é de pelúcia.) Eles estavam todos sorridentes. Então, eu pulei a corrente e fui andando pela graminha até bem perto do fosso, me abaixei e falei:
— Oi, jacarés.

Eram cinco. Eles estavam todos dormindo, sendo que um estava com a boca parada e aberta. Então, resolvi fazer carinho na cabeça deles enquanto estavam dormindo. Foi aí que ouvi todo mundo da terceira série gritando. Eu me virei e vi a senhorita Iris correndo para lá e para cá. O Shrubs falou:
— Tudo bem, senhorita Iris. Acho que ele conhece esses jacarés.
Mas a senhorita Iris gritou:
— Volte já aqui, Burton, ou você vai ver só!
— O nome dele não é Burton, ele se chama Randy!
Eu me virei. A Jessica estava de pé bem do meu lado.
— É melhor você sair daqui logo — falei. — Eles vão te matar e te comer inteira, Jessica. Eles não são seus amigos.
— Eu vou me apresentar — ela falou.
O vento soprou de leve o vestido dela e deu para ver a meia no joelho. E um dos jacarés balançou a cauda.
— Meu nome é Jessica Renton — ela falou para o jacaré.
— Eles não entendem — falei.
— Eles devem ser jacarés mexicanos. Uma vez, eu vi um desenho do Popeye em que ele dava um soco num jacaré, e o jacaré voava. Quando o bicho caía, virava malas de couro.
— E daí?
— E daí nada — ela falou.
Então, ela começou a andar na direção dos jacarés. E eu segurei o braço dela.
— Solta.
As crianças gritaram mais alto. A senhorita Iris estava mordendo a mão e fazendo sinais para um homem do zoológico.
— Jessica — chamei.
— O meu nome não é Jessica.
— Qual é o seu nome?

— Condessa. O papai me chama assim. Mas você não pode.

Ela foi andando até os jacarés, e um deles começou a andar também.

— *Buenos días, cocodrilo* — ela falou.

De repente, alguém segurou a gente. Era o homem do zoológico. Mas a Jessica puxou o braço bem rápido e começou a correr. Então, quando ele olhou para ela, eu também me soltei e fugi. A gente pulou a corrente e saiu correndo. A gente correu até depois dos leopardos. (Uma vez eu vi o Popeye passar removedor de manchas num leopardo.) A gente correu até passar os ursos, que estavam sentados como cachorros. A gente passou correndo pelas focas. (Elas estão sempre tocando corneta na televisão e são chatas.) A gente correu até depois das girafas e, depois, até os elefantes. A Jessica corre mais que eu, ela é rápida, cara. Ela nem ficou sem fôlego.

De repente, todas as crianças do terceiro ano vieram correndo até onde a gente estava, foi um estouro de boiada, todo mundo berrando. A senhorita Iris também veio. Até ela estava correndo. Eu nunca tinha visto a senhorita Iris correndo, não parecia certo. A senhorita Hellman e a senhorita Craig também vieram.

A senhorita Hellman me agarrou pelo braço e começou a me sacudir. Então a Jessica se virou e falou:

— Senhorita Hellman, você não falou que a gente podia tomar quanto sorvete quisesse quando chegasse lá na barraquinha de refresco? É logo ali! A gente pode ir agora?

E todas as crianças começaram a cantarolar "Queremos sorvete, queremos sorvete!" e puxaram a senhorita Hellman pela manga até ela me soltar.

— Está bem — ela falou.

Todo mundo foi. Todo mundo tomou sorvete, menos a Jessica e eu. Ela ficou parada na frente de uma placa, olhando para os elefantes. A placa dizia:

NÃO PERCA NOSSO HILARIANTE
SHOW DE ELEFANTES
16H E 17H30!

Estava quente. Eu olhei para os elefantes, que levantavam poeira quando andavam. Eram três elefantes. Eram todos da cor cinza e secos e rachados. Eles se mexiam em câmera lenta para trás e para frente, para trás e para frente. Depois, dois andaram para trás, e o do meio fez um círculo. Aí todos foram para frente e depois todos foram para trás. Era tudo tão lento que eu poderia dizer que durou semanas.

(Eu ia dar o meu grito de Tarzan, e eles iam acordar e me levar embora para a selva, mas eu não gritei.)

Atrás da gente, todo mundo do terceiro ano estava conversando, tomando sorvete e levando bronca.

A Jessica ficou parada do meu lado.

— Olha os elefantes, Randy! — ela falou para mim.

— O meu nome, na verdade, não é Randy — respondi.

— Eu sei — ela falou.

E a gente ficou ali parado um do lado do outro. Os elefantes iam para trás e para frente, para trás e para frente.

A Jessica falou:

— Olha, Burt, eles estão fazendo o show deles mesmo dormindo. Eles estão dormindo, mas não conseguem parar.

Na volta, a senhorita Iris não se sentou do meu lado no ônibus. Ela ficou do lado do Marty Polaski.

10

Na volta para casa, vindo da escola depois do zoológico, eu briguei com o Harold Lund. Ele é um nojento que é amigo do Marty Polaski. Ele montou uma armadilha, isso é golpe baixo, cara, e pulou em cima de mim e me prendeu com o joelho no meu ombro, até que o Shrubs bateu na cabeça dele com um lixo, e a gente fugiu correndo para casa. Quando cheguei em casa, a primeira coisa que a mamãe falou foi: "Não quero ouvir nenhuma palavra sua!" porque a minha calça estava verde no joelho por causa da grama. (Era uma calça nova, que eu tinha comprado na West Clothing, aquela loja que não tem porta onde se experimenta roupa, e uma menina viu a minha cueca.)
— Não olhe pra mim com essa cara — minha mãe falou.
— Olhe o estado em que você está! Quem te bateu dessa vez?
— Uns testemunhas de Jeová — falei.
— Quem?
Então, eu saí andando. Ela veio atrás de mim e agarrou o meu braço.
— Fale a verdade, homenzinho — ela disse.
Então, eu contei tudo. Que eu tinha sido atropelado por um carro e o motorista era testemunha de Jeová. Que ele

saiu do carro e falou que eu não era testemunha de Jeová, e eu falei que era, só que ele não acreditou, e aí a gente saiu no braço, e eu ganhei porque ele era fraco. Aí, veio um negro e falou que, se eu quisesse, eu podia ser negro e eu falei ok. Então, o testemunha de Jeová ficou maluco, me empurrou na grama e eu voltei para casa.

Subi para o meu quarto.

— Volte já aqui e conte o que aconteceu de verdade — a mamãe berrou.

Mas eu não fui.

(Eu não sei o que é testemunha de Jeová. Acho que é quando a pessoa usa paletó.)

Sentei na minha cama e peguei alguém. O Macaquinho dos Abraços, ele estava me esperando. Ele falou que tinha visto pela janela que era eu batendo no Harold Lund, e não o Shrubs. Joguei a calça na roupa suja, que fica atrás da porta do quarto do Jeffrey. É uma portinha igual à portinha do leiteiro, só que desce até a lavanderia, lá no porão. Eu queria conseguir descer pelo escorregador da roupa suja, mas já sou muito grande. E a minha calça ficou presa. Ela ficou presa no meio do caminho, deu para ouvir. Então eu tive que jogar um livro pelo escorregador da roupa suja, pois é assim que desentope. Fui até a minha cômoda para pegar o *Aprendendo a soletrar, Livro I*, que eu deixo na gaveta para estudar para o campeonato de soletração.

Só que o livro não estava lá. Eu perdi. (Sou bagunceiro. Não guardo as coisas. A mamãe sempre fala: "Eu já estou cansada de ficar catando as suas coisas no caminho, vou parar de guardar e deixar a sua bagunça se acumular até não ter mais espaço para nada, depois você vai fazer o quê?". E eu respondo: "Aí eu vou morar na Flórida.") Só que, em vez do *Aprendendo a soletrar, Livro I*, tinha outro livro: *A história da sementinha que brotou*. A mamãe deixou no meu quarto depois de ter lido para a gente. Comecei a olhar. Tinha muitas figuras. Tinha a vovó e o vovô, um menininho e uma menininha, porcos e porquinhos bebês, vacas e vacas bebês e galinhas e ovos. E um pipi.

Fechei o livro. Eu me senti estranho por dentro. Sentei na minha cama. Aí a porta se abriu e entrou uma galinha no meu quarto, a galinha tinha uma crista vermelha. A crista era como pele: frouxa e se mexia de um lado para o outro. A galinha subiu na minha cama, começou a andar na minha direção e eu tentei empurrar a galinha para longe. Aí veio outra galinha e depois mais outra galinha. O meu quarto ficou cheio de galinhas, e elas ficavam todas pondo ovos e fazendo barulho sem parar, e então a galinha que estava na minha cama começou a bicar o meu pipi, e eu fiquei assustado e bati nela. Aí, a crista começou a inchar e a ficar grande, e então encostei o dedo nela e saiu uma coisa branca na minha mão. Aí não era mais uma galinha. Era a Jessica. Ela sentou na minha cama, pôs a mão no vestido e ficou olhando para mim.

— Burton, está tudo bem aí? — a mamãe berrou da escada. Aconteceu alguma coisa?

Eu abri a porta e esfreguei os olhos.

— Acho que você pegou no sono — ela falou. — Bem, já está quase na hora do jantar. Lave o rosto e desça. E não responda a seu pai. Ele chegou mal-humorado.

Fui para o banheiro e lavei o rosto. (Usei sabonete Querida, o meu favorito, aquele que tem desenhos esculpidos.) Quando voltei para o meu quarto para me trocar, não tinha mais nenhuma galinha, nem a Jessica. Coloquei *A história da sementinha que brotou* na gaveta e desci para jantar.

— Achei que você ia estudar para seu campeonato de soletração — o Jeffrey falou.
Ele estava olhando as mulheres numa revista, nas propagandas de calcinha e sutiã.
— É um país livre — eu falei.
— Senta aqui — ele falou e mostrou aquele dedo que é palavrão.
O papai deu um tapa nele. Ele chegou mal-humorado aquele dia.
A gente jantou carne-assada. Estava uma delícia e muito nutritiva. Só que o Jeffrey continuou me provocando. Ele me chutou por baixo da mesa. Mas, depois do jantar, ele me ajudou a estudar para o campeonato de soletração.

O campeonato de soletração foi duas semanas depois do zoológico. Foi no outono, em outubro. (Eu me lembro disso porque o papai me deu a capa amarela dele. É legal, cara, tem mangonas que ficam fofas em mim e é de plástico, e não de pano; só o zíper que está quebrado, mas já estava assim quando ganhei.)
Durante duas semanas, o Jeffrey me ajudou a estudar. Eu usei *Aprendendo a soletrar, Livros I, II* e *III*. O Jeffrey já tinha dois, e a senhorita Iris me deu mais um. Eu usei também um dicionário. O Jeffrey me falava uma palavra e eu soletrava.
Primeiro tem o campeonato de melhor da turma e depois o de melhor do ano e depois o melhor da escola e depois o melhor da cidade e depois o melhor de não sei o quê. Eu ganhei o primeiro lugar da minha turma várias vezes. Ganhei um adesivo na testa. Era um peru. (Tinham acabado as estrelinhas da senhorita Iris.) A mamãe falou que estava muito orgulhosa de mim e me levou lá na Maxwell depois da escola. Então, me

disse que eu podia escolher um brinquedo baratinho. Eu quis um Zorro. É um boneco que já vem montado. Ele é muito legal. Tem muitos bonecos na Maxwell, mas o Zorro é o maior. O Jeffrey falou que é porque é de outra marca, mas eu acho que ele é espanhol. Mas, como era muito caro, eu ganhei um pacote de bonequinhos. Mas a mamãe falou que, se eu ganhasse o prêmio de melhor do ano, ela me daria o Zorro.

Na noite antes do campeonato, eu estava nervoso. Eu tive pleurodinia. Então levei o *Aprendendo a soletrar*, *Livro I*, para o banheiro e fiquei lá me testando sozinho.

— Burton, o que você está fazendo aí? — a mamãe perguntou.

— Nada — respondi.

— Que estranho, eu podia jurar que ouvi você cantando "Heartbreak Hotel"! — ela falou. (Mas eu canto idêntico ao disco, não é parecido. É idêntico.)

No dia seguinte, nem fiquei nervoso, o que me surpreendeu, mas não fiquei. Acordei e tomei café da manhã, e o Shrubs veio me chamar, como sempre. Aí ele entrou e roubou uma bala do pote de vidro da mamãe, como sempre, e a gente foi embora. Contei que talvez eu ganhasse o Zorro da loja Maxwell, e ele falou: "Não me diga".

Na hora do intervalo, eu estava com formigas na calça. (Não eram formigas de verdade.) A gente ficou com a senhorita Ackles, a professora de Ciências, no intervalo. Ela é do sul e chama a gente de "pessoal". E ela também tem um livro em que dá nota vermelha quando a pessoa vai mal. Ela chama isso de "vermelhão". Naquele dia, o Marty Polaski levantou a mão quando ela perguntou quem tinha algo interessante para contar.

— Ontem eu estava em casa, construindo uma cadeira elétrica, quando sofri um acidente e cortei fora o meu dedo.

Mas eu peguei do chão e guardei numa caixinha para não perder. E aqui está ele!

Ele pegou uma caixinha branca e, lá dentro, tinha algodão e, no algodão, estava o dedo dele. A senhorita Ackles ficou branca como se fosse vomitar. A Marcie Kane deitou no chão, como se estivesse morta. E então o Marty mostrou que tinha um furo no fundo da caixa e que ele tinha enfiado o dedo por ali. (Ele ganhou um vermelhão da senhorita Ackles.)

Então, veio uma menina na sala e falou:

— Os finalistas do terceiro ano para o campeonato de soletração, por favor, venham comigo até a sala 215.

E eu saí.

Na sala 215, todas as crianças estavam encostadas na parede. Parecia um pelotão de fuzilamento. A senhorita Iris e a senhorita Krepnik estavam sentadas no meio da sala em cadeiras de professor. A senhorita Krepnik tinha tomado as pílulas de maldade dela, dava para perceber. Eu fiquei de frente para a parede da janela, olhando para fora. Era outono, e as folhas estavam caindo das árvores. Elas tinham ficado carecas.

A sala 215 é a sala da senhorita Iris. Ainda estava lá o quadro de anúncios que eu tinha feito para a reunião de pais e mestres. (Reunião de pais e mestres é quando você vai para a escola à noite com os pais e fica na fila para as professoras contarem para eles mentiras sobre você. O meu quadro de anúncios era um cavalo galopando, no qual estava escrito: "Sempre notas altas!". Você podia pendurar notas e papéis nele. Fui eu que fiz. Eu sou artista, sou bom de desenho. A senhorita Verdon, que dá aula de Artes, falou que eu tenho talento. Eu gosto de fazer esses quadros. Tem que usar a tesoura da professora, que é pontuda e arranca até o olho.)

Quando todo mundo ficou quieto, a senhorita Iris disse quais eram as regras do campeonato.

— Nós vamos perguntar a cada aluno uma palavra de cada vez. Pode pedir para repetir a palavra. Pode pedir para a gente usar a palavra em uma frase, mas, depois de começar a soletrar, não podemos falar mais nada, e vocês não podem mudar de ideia depois que começar.

Então a porta se abriu. Era a senhorita Lipincott. Ela é professora. E chegou trazendo alguém. Ela estava puxando essa pessoa pelo braço. Era a Jessica.

— Agora escolha um lugar com as outras crianças, mocinha. E depressa.

A Jessica olhou feio para a senhorita Lipincott. Ela estava com um livro na mão. Era um livro preto, da biblioteca.

— Deixe aqui esse livro, mocinha — a senhorita Krepnik falou.

— Não pode ficar com nenhum livro durante o campeonato de soletração.

— Eu praticamente precisei arrastá-la para cá — disse a senhorita Lipincott.

— Por quê? — a senhorita Iris perguntou.

A senhorita Lipincott virou para a Jessica e repetiu:

— Por quê?

— Como é que eu vou saber uma porcaria dessas? — a Jessica falou. (Não era a forma certa de falar na frente das professoras. Todo mundo ficou paralisado.)

— Com certeza não vou te encorajar a continuar com esse tom, sua mal-educada — a senhorita Lipincott falou.

— Agora deixe esse livro embaixo da carteira e vamos logo começar com isso.

A Jessica esperou um minuto, mas depois obedeceu. A senhorita Krepnik falou:

— Obrigada, Fran — para a senhorita Lipincott, que foi embora.
Então, começou o campeonato de soletração.
A senhorita Krepnik perguntou pirralho para o Mike Funt.
— Você pode usar numa frase? — o Mike pediu.
— Sim. Ele é um pirralho.
— Pirralho. P-I-R-R-A-L-H-O. Pirralho.
A senhora Iris perguntou passear para a Marion Parker.
— Você pode usar numa frase?
— Sim. Eu gosto de passear.
— Passear. P-A-S-S-E-A-R. Passear.
A senhorita Krepnik perguntou bicicleta para o Tommy Halsey.
— Bicicleta. B-I-S...
Mas ele se deu conta de que tinha errado e sentou quase chorando.
A senhorita Krepnik perguntou bicicleta para a Ruth Arnold.
— Você pode usar numa frase?
— Sim. Eu tenho uma bicicleta.
— Bicicleta. B-I-C-I-C-L-E-T-A. Bicicleta.
Ela soletrou sorrindo. Eu detesto a Ruth Arnold.
Ela é sempre a queridinha da professora porque é sabidinha e toca violino. Uma vez, eu desafiei ela com uma charada:

Rir, rabiscar e roer sem erro.
Você sabe soletrar isso sem R?

A Ruth Arnold falou que não. Aí eu falei para ela: "Isso, I-S-S-O, isso; ha, ha, ha!". Para falar a verdade, eu queria matar a Ruth Arnold. Uma vez, na aula de Estudos Sociais, ela me dedurou para a professora porque mostrei para o Shrubs como fazer para parecer que o polegar tinha saído. Eu fui mandado para fora da sala e perdi uma prova. Então, a senhorita Crowley me deu nota vermelha, e eu nem estava conversando nem nada. (Eu estava fazendo mímica, como a gente tinha aprendido na escola.)

A senhorita Iris me perguntou outono. Eu soletrei na hora. Nem pedi para usar numa frase. Mas a Ruth Arnold levantou a mão e falou:

— Senhorita Iris, não é justo, porque a palavra outono está escrita no quadro de anúncios. Ali, nos papéis. *Um poema de outono*. Foi o Burt quem fez o quadro, ele olhou.

— Não é verdade, mentirosa! — falei.

— Ninguém deu autorização para você falar — a senhorita Krepnik disse.

Mas ela falou que a Ruth Arnold tinha razão e que a senhorita Iris tinha que me perguntar outra palavra.

— Bem, só um minuto, Helen — a senhorita Iris respondeu. — Eu não acho justo o Burt ter que soletrar mais uma palavra. Além do mais, não foi ele quem pôs os papéis ali, fui eu. Ele só fez o quadro de anúncios.

— Então eu vou perguntar para ele — a senhorita Krepnik falou.

— Não, não vai — a senhorita Iris disse.

Ela estava ficando vermelha, e todas as crianças perceberam.

— Veja, está mesmo escrito no quadro — a senhorita Krepnik falou.

— Você deve estar louca. Não dá para ele enxergar o quadro de onde está.

As duas professoras ficaram muito bravas e olharam feio uma para a outra. Aí a senhorita Iris falou que, se alguém ia perguntar outra palavra para mim, seria ela. Então, me perguntou alternar.

— Você pode usar numa frase? — pedi.

— Sim. As professoras que perguntam as palavras no campeonato de soletração devem se alternar.

— Alternar. A-L-T-E-R-N-A-R. Alternar.

Então a senhorita Krepnik perguntou destruir para a Joan Overbeck e a senhorita Iris perguntou negligência para o Irving Klein e a senhorita Krepnik perguntou saudável para o William Gage, que entendeu errado, mas não quis mais sentar. A senhorita Krepnik mandou ele sentar, mas o William não obedeceu e ficou olhando para o chão. Ele não queria sair da competição. Então a senhorita Iris falou:

— William, querido, preste atenção. São as regras do jogo, e nós devemos obedecer a elas. No próximo semestre, você vai ter outra chance. Aposto que os seus pais vão ficar muito orgulhosos de saber que você chegou até aqui.

Aí o William sentou, e a senhorita Krepnik olhou feio de novo para a senhorita Iris.

Então, foi a vez da Jessica. A senhorita Iris perguntou receber, mas a Jessica fez uma cara de que não tinha ouvido.

— Jessica.
— O que foi?
— Receber.
— Receber o quê?

Todo mundo riu. A senhorita Krepnik ficou muito brava.

— Receber é a sua palavra, mocinha. Soletre isso.
— I-S-S-O.
— Jessica, talvez você prefira ir direto para a diretoria e perder o direito de participar do campeonato de soletração? — a senhorita Krepnik ameaçou. — É isso que você quer? Você acha que os seus pais vão achar isso divertido?

Depois a senhorita Iris falou:

— Jessica, ou você soletra a palavra ou vai ficar com nota vermelha pelo semestre inteiro. Você entendeu bem? Ela também estava brava. Mas eu pensei numa coisa. Pensei que a Jessica é muito boa na escola e que ela ia ganhar o campeonato de soletração. E fiquei muito nervoso.

— Receber — a senhorita Krepnik repetiu.

— Você pode usar numa frase?

— Sim. Eu gosto de receber coisas.

— Receber — a Jessica falou. — M-P-X-L-Y-H-H-O. Receber.

Ninguém disse nada, todo mundo só ficou olhando. E a Jessica ficou parada ali. Então a senhorita Krepnik falou bem baixinho:

— Já para a diretoria, mocinha.

A Jessica pegou o livro que estava embaixo da carteira e saiu andando da sala.

O Dave Sutton começou a cantar "Tarã-tarã, tarã, tarã-tarã-tarã-tarã-taraaam". (É a música que toca no começo da "Pantera Cor-de-Rosa", na televisão.)

— Ninguém te deu permissão para falar — a senhorita Krepnik disse.

Então as palavras foram ficando cada vez mais difíceis. As crianças começaram a errar e foram perdendo. A Helen Tressler errou celofane. E a Audrey Burnstein, que usa aparelho, e outras cinco crianças erraram iate, até que a Ruth Arnold soletrou certo. Ela pegou também náusea e incriminar. Eu soletrei decoro e hospitaleiro. Sobraram só quatro alunos. A Nancy Kelton errou fertilizante, e o Sidney Weiss, também. Mas a Ruth Arnold acertou. Aí ficamos só ela e eu.

A senhorita Iris me perguntou gratidão.

— Você pode usar numa frase?

— Sim. Eu sinto muita gratidão.
— Gratidão. G-R-A-T-E-D-Ã-O. Gratidão.
— Ruth Arnold — a senhora Iris falou. — Gratidão.
E eu entendi que tinha soletrado errado. De repente achei que ia perder. Eu tinha perdido o campeonato de soletração. A Ruth Arnold falou:
— Gratidão. G-R-A-T-I-D-A-M. Gratidão.
Ela errou também. Quase dei uma risada.
A senhorita Krepnik me perguntou corredor.
— Corredor. C-O-R-R-E-D-O-R. Corredor.
Eu chutei, mas acertei. Então a senhorita Iris perguntou chilique para a Ruth Arnold.
— Chilique. S-H-I-L-I-Q-U-E. Chilique — a Ruth Arnold falou.
Mas eu sabia, sabia! Eu sabia porque a mamãe sempre fala que eu tenho isso. Então, uma vez eu procurei no dicionário e aprendi a soletrar. E soletrei. Aí a senhorita Krepnik me perguntou necessário.
— Necessário. N-E-C-E-S-S-Á-R-I-O. Necessário!
A senhorita Iris começou a bater palmas. A senhorita Krepnik olhou para ela, mas eu tinha ganhado o campeonato de soletração de todo mundo do terceiro ano e comecei a bater palmas também. Eu me aplaudi. A senhorita Krepnik falou que ninguém tinha mandado aplaudir, mas eu aplaudi e aplaudi. Fiquei batendo palmas até as outras crianças irem embora. A senhorita Iris me deu um beijo na testa e falou:
— Por que você não vai até a diretoria buscar o seu prêmio? Leve essa autorização.
E foi o que eu fiz.
Do lado de fora da diretoria, tinha alguém sentado no banco do corredor onde ficam as crianças malcriadas esperando o diretor gritar com elas. Era a Jessica. Passei direto

por ela, entrei na diretoria e nem falei nada com ela, porque ela nem me viu, pois estava lendo o livro dela. Eu pedi o meu prêmio para a secretária ruiva. Era um dicionário. Ela pediu para eu esperar no banco lá fora. Então eu fui. A Jessica ainda estava lendo. Eu vi que livro era *O garanhão negro*.

Tocou o sinal da próxima aula. Todo mundo foi para o seu armário. Todo mundo me viu sentado no banco. Eu falei:

— Eu não fiz nada errado. É que eu ganhei o campeonato de soletração.

Assim, ninguém pensou que eu tinha ficado de castigo. Mas a Jessica não disse nada e continuou lendo. Depois ela abaixou o livro e olhou para o corredor, mas não olhou para ninguém. Ninguém. E falou:

— Aposto que agora ele já está no Wyoming. Ele começou em Montana com o resto da manada, é o líder porque é o maior e o mais selvagem. Ninguém consegue montar nele além de mim. Mas agora ele está vindo sozinho.

— Quem está vindo? — perguntei.

Ela se virou para mim e olhou bem na minha cara, e eu vi os olhos dela. São gigantes, cara, verdes com umas partes castanhas dentro.

— O Blacky — ela falou. — O meu cavalo.

— Ah, entendi.

Então a gente não falou mais nada por um tempo. As crianças pararam de passar, as portas dos armários pararam de bater e tudo ficou silencioso e tranquilo no corredor da escola.

Aí a Jessica falou uma coisa:

— Sabe, Burt, eu deixei você ganhar o campeonato — ela falou. — Porque você queria muito.

11

Uma vez eu tinha cinco anos. Eu andava muito de carro. Sentava do lado do papai, no banco da frente, na corcovinha. A corcovinha ficava no meio do banco da frente e não tinha nenhuma costura separando. A corcovinha me levantava para eu poder ver. Era o meu lugar favorito. Uma vez a gente foi de carro até Frankfort, Michigan, e eu fui sentado na corcovinha o caminho inteiro.

Então, um dia, o papai me levou junto com o Jeffrey na loja Hanley-Dawson Chevrolet para comprar um carro novo. A gente foi no nosso carro antigo. Eu fui sentado na corcovinha. Aí a gente entrou no carro novo. Tinha um cheiro engraçado. O papai entrou e deu a partida. E a gente foi embora. Eu olhei pela janela de trás e dei tchauzinho para o nosso carro antigo.

— Papai, e o nosso carro antigo? — perguntei.
— Aquela lata-velha? Quem se importa com ela?
Eu olhei o banco da frente. Não tinha corcovinha. O papai explicou:
— É porque esta belezinha aqui tem o motor atrás. Viu como tem mais espaço agora?

Eu apoiei o queixo no encosto do banco de trás e fiquei olhando para o nosso carro antigo pela janela. Acho que chorei. O Jeffrey perguntou:
— Por que você está chorando agora, bebezão?

E eu respondi:
— Agora eu não tenho lugar para sentar.

12

Estou no Centro de Bem-Estar para Crianças já faz duas semanas e meia. O carteiro vem todo dia, mas eu ainda não recebi nenhuma carta da Jessica. E, toda vez que eu pergunto para o doutor Nevele se chegou alguma carta para mim, ele fala que não.

Hoje eu estava sentado lá na mesa da nossa ala, onde a gente às vezes brinca. Estava fazendo um Senhor Batata. Era de massa de modelar, não uma batata de verdade, como em casa. Eu estava pondo o nariz, quando a senhora Cochrane entrou e falou que tinha uma grande notícia.

— Hoje cedo, recebi uma notícia muito boa — ela falou rindo, toda fingida que é. — A piscina nova ficou pronta. E hoje todas as crianças aqui do Centro de Bem-Estar para Crianças podem começar a usá-la quando chegar a sua vez. Eles fizeram um cronograma, e vocês não vão acreditar! Nós somos o primeiro grupo. Depois do café da manhã, vamos nadar!

Todas as crianças gritaram "Eba!".

Menos uma. Eu. Eu fiquei lá sentado, fazendo o meu Senhor Batata. Pus outro nariz nele, um narigão, como o do doutor Nevele, só que sem os pelos saindo de dentro, o que é muito nojento, para falar a verdade.

No meu primeiro dia no Centro de Bem-Estar para Crianças, eles contaram sobre essa nova piscina que estavam fazendo, e às vezes eu ouvia o barulho, pois fica lá embaixo no porão. Antes, eles levavam as crianças para nadar na YMCA[3] de ônibus. Mas eles pararam de fazer isso antes de eu entrar, e eu gostei porque odeio a YMCA, eu queria matar a YMCA. (Uma vez o tio do Shrubs pagou para mim e para o Shrubs um ano de YMCA. Ele é gói. Igual à mãe do Shrubs. Eu só fui lá na YMCA uma vez, porque me assustava, tinha cruz nas paredes e fotos de Jesus, e eu vi no chuveiro que todos os homens tinham pipis de manga longa.)

— Claro, todo mundo tem que se comportar bem — a senhora Cochrane falou. — Se a gente quiser continuar tendo o direito de nadar. Malcriado não pode nadar, não é mesmo? Não seria justo com as outras crianças.

Eu pus outro nariz no Senhor Batata.

O Manny falou que não queria nadar porque não tinha sunga, e a senhora Cochrane falou que eles dariam trajes de banho. Isso quer dizer sunga. Todas as crianças gritaram "Eba!", menos o Howie, que estava com o dedo no nariz. Eu vi. (Eu também gosto de pôr o dedo no nariz às vezes, porque gosto de tirar meleca. Eu faço bolinha e jogo longe. Às vezes, na escola, eu sento do lado do Marty Polaski, e ele enfia o dedo no nariz e depois me mostra e fala: "Esta meleca é um Chevrolet 1956". Aí ele tira outra e fala: "E esta meleca é um Oldsmobile 1954". Ele faz piadas engraçadas, mas é um malcriado.)

---

[3] Associação cristã para jovens (N. E.).

Todas as crianças da nossa ala estavam pulando e cantando: "A gente vai nadar! A gente vai nadar".

Menos eu. Aí a senhora Cochrane viu, veio na minha direção e olhou para o Senhor Batata. Ele estava cheio de narizes.

Quando todo mundo já estava vestido, a gente foi tomar café da manhã, que tinha ovos que pareciam olhos, com a gema virada para cima. Eu sentei ao lado do Robert. Ele chora sem parar. Então falei:

— Ei, Robert, olha isso. Imagina que esse ovo é o seu olho, certo?

Ele concordou, e eu enfiei a faca, e a gema começou a escorrer no prato. E ele começou a chorar. Então dei um soco na boca dele, e ele cuspiu o cereal que estava comendo em cima da senhora Cochrane. Ela ficou muito brava e agarrou a minha mão por cima da mesa, que era um punho, mas eu puxei e bati no meu prato, que quebrou. Uma parte acertou a cara do Robert, e ele começou a gritar. Todo mundo no refeitório começou a olhar. Então, eu subi na cadeira e comecei a andar em cima da mesa e pisei no prato de todo mundo e derrubei água. Chutei o meu copo de suco de laranjas e espalhou tudo e acertou nas costas do Rudyard. Ele se virou e me viu, mas não falou nada.

A senhora Cochrane se levantou, me agarrou pela cintura e gritou para chamar um enfermeiro da mesa do lado para ajudar. O homem se levantou, veio e me pegou, e eu chutei a barriga dele. Então, ele agarrou os meus braços e me segurou assim, com os braços em volta, para eu não conseguir me mexer, e apertou forte. Ele me levou assim para fora do refeitório. A senhora Cochrane veio junto.

Quando a gente chegou lá na sala do doutor Nevele, tinha outra pessoa lá dentro. A porta estava fechada, então o enfermeiro me sentou no banco e ficou me segurando. A senhora Cochrane bateu e entrou. Eu tentei morder o enfermeiro, mas ele me apertou mais forte ainda, e eu achei que ele fosse quebrar os meus braços. Eu não conseguia me mexer. Então, a senhora Cochrane saiu da sala, e ela estava com o rosto vermelho. Logo atrás dela, tinha uma mulher. Eu parei de tentar morder o enfermeiro. Fiquei só olhando para ela, e ela me olhando de volta. Eu não sabia o que fazer. Era a mãe da Jessica. Ela olhou para mim como se estivesse congelada, como se eu fosse um monstro. Então, ela virou a cara e não falou nada, e eu vi que ela estava tremendo.

O doutor Nevele saiu, pôs a mão nas costas dela, e ela olhou para ele e olhou para mim e, então, balançou a cabeça e saiu. Eu não fiz nada. O enfermeiro me largou, e o doutor Nevele falou para eu entrar na sala.

— Certo — ele falou. — O que foi desta vez?
— Nada.

Ele tirou uma pilha de papéis da gaveta, mas os papéis escorregaram da mão dele e caíram no chão.

— Bosta — ele xingou.
— Não pode falar palavrão, doutor Nevele — falei.

Ele pegou os papéis do chão um de cada vez, mas alguns que estavam grampeados continuaram ali, embaixo da mesa. Ele não viu, mas eu vi. E encostei o pé neles.

— Certo — ele falou. — Quem começou desta vez?'
— Fui eu — respondi.
— O que foi que aconteceu?
— Nada. Posso ir agora para a Sala de Descanso?
— Não, Burt — ele falou —, não pode. Toda vez que você se aborrece, foge para a Sala de Descanso e fica escrevendo naquela maldita parede em vez de falar comigo. Eu quero que você converse comigo, Burt. Por favor.

— Doutor Nevele — falei. — Eu nunca vou conversar com você.

Então, eu me levantei, fui até a prateleira de livros dele e pus a mão, como se fosse derrubar de novo. Mas ele me empurrou de volta para a cadeira e pegou o cinto. Ele pôs o cinto em mim e apertou bem. Eu tentei afrouxar, estava machucando.

— Fique aí sentado, rapazinho — ele mandou. — E reflita um pouco.

E saiu da sala. Fiquei sozinho.

Lembrei de quando fui para Frankfort, Michigan, com a minha família, e a gente foi nadar no lago Crystal, só que eu não quis porque não sabia nadar, mas eles me levaram mesmo assim. O papai pôs um colete salva-vidas em mim, que era gelado e molhado, porque alguém tinha usado antes; era laranja, com fivelas que beliscavam a minha barriga. Eu chorei muito. Ele me pegou e falou: "Pare com isso, meu filho. Você quer que todo mundo fique sabendo que você não sabe nadar?". E me deixou com vergonha. O meu pai me levou para a água. Ele me levou bem lá no fundão, onde não dava pé para mim. Eu gritei: "Não me solta, por favor, não me solta!" e ele falou: "Eu não vou soltar". "Eu quero sair! Eu quero sair!", eu berrei. "Por favor!". Mas ele não me levou de volta e foi mais para o fundo ainda. Aí ele começou a me soltar na água. "Não!", gritei, mas ele continuou me soltando. Ele falou: "Do que você tem medo? Você está com o colete salva-vidas!". E me soltou. Tentei segurar nele, me agarrei nele. "Ei, cuidado com essas unhas!", ele falou. "Não, papai! Não!", berrei. "Eu vou me afogar! Eu vou me afogar!". Mas ele me soltou. Ele me soltou e, de repente, eu não vi mais nada. A água passou da minha cabeça, e eu comecei a afundar e estava gelado nas orelhas e tudo escuro e não dava para ouvir nada. Tentei respirar, mas entrou água na minha boca e eu comecei a engasgar. Aí ele me levantou. E eu tossi muito. Dei um soco nele e chorei. Gritei tanto que nem conseguia ouvir mais nada. "Está tudo bem, meu filho", repetiu no meu ouvido. "Está tudo bem, está tudo bem." Mas não estava tudo bem coisa nenhuma. Aí ele me tirou da água, mas eu falei para mim mesmo uma coisa. Eu nunca mais vou nadar de novo.

O doutor Nevele voltou para a sala. Eu tinha tirado o cinto. Eu mesmo, sozinho. Ele nem viu.

— Sabe, Burt — ele falou. — A nossa piscina aqui ficou pronta. Mas, se você continuar se comportando assim, vou proibir você de nadar. Você vai perder o direito de nadar.

Então fui até a mesa dele e peguei todos os papéis e joguei na cara dele. Depois corri até a janela e dei um soco.

— Eu quero ir para casa! — gritei. — Quero ir para casa, quero ir para casa!

O doutor Nevele me agarrou.

— Pronto, já chega! Certo, você pode ir para a maldita Sala de Descanso!

Fui para debaixo da mesa e peguei os papéis que tinham caído e enfiei rapidinho no bolso. Depois fui para a Sala de Descanso.

Sentei no canto e apontei o lápis com os dentes, e a minha língua ficou preta, e pensei naqueles cartazes publicitários onde a gente pinta os dentes das mulheres para fazer crer que elas estão banguelas.

A porta se abriu. Era o Rudyard. Ele olhou para mim no cantinho e pôs o dedo na boca, querendo dizer silêncio. Ele entrou e sentou no chão do meu lado, olhando para a parede.

— Este vai ser o nosso sinal — ele falou baixinho.

Então pôs a mão embaixo do queixo e balançou os dedos. Eu olhei para ele.

— É o nosso sinal — ele falou, e fez de novo. Aí ele respirou fundo e falou:
— Este vai ser o nosso sinal, Burt — e fez de novo. — Só para você saber.
Ele encostou na parede, fechou os olhos e abriu. Ele olhou por cima de mim, para a parede.
— Você é um excelente escritor — ele disse. — E escreve bem retinho também.
Eu fiquei de pé e parei na frente da parede.
— Não! — berrei. — Não é para você ler, Rudyard, é propriedade particular.
— Nem uma olhadinha?
— Não!
Ele se virou, olhou para o outro lado e falou:
— Ok, Burt. Combinado.
— E também não é para você escrever mais aí — falei. — Só eu posso escrever aí, o doutor Nevele falou.
Ele se virou para mim de novo.
— Escrever o quê? Como assim? Não posso escrever onde?
Mostrei o lugar onde não era a minha letra, onde ele tinha escrito *Ele queria ver o tempo voar*.
— Não fui eu que escrevi isso — ele disse.
Mas era mentira, porque foi ele que escreveu, sim eu sabia que tinha sido ele. Então vi que ele tinha uma coisa no cinto, e perguntei o que era aquilo. Ele falou que era pimenta para passar na boca das crianças loucas quando elas mordiam, para aprenderem a não morder os outros. Eu tinha visto isso no Centro de Bem-Estar para Crianças. É como se fosse uma esponjinha e faz arder a boca das crianças para elas não morderem mais. Elas gritam. Mas eu nunca vi o Rudyard usar aquilo. Eu perguntei por que ele nunca usava.

— Eu não gosto de comida apimentada — ele explicou. Depois ele não falou mais nada, nem eu. A gente só ficou ali, sentado no chão. Aí ele se levantou e fez que ia embora.
— Aonde você vai? — perguntei.
— A lugar nenhum — ele respondeu.
E ele foi andando pelo corredor até uma sala especial que eles têm. É a Sala de Terapia Lúdica. Eles mandam as crianças entrarem lá, e os médicos ficam vendo as crianças brincando e escrevem coisas. Só que eu nunca tinha entrado naquele lugar. Fui atrás do Rudyard.

Ele deixou a porta aberta e eu entrei. Ele sentou numa cadeira no meio da sala e tinha umas coisas para brincar em volta dele, só que elas eram um pouco estranhas. Tinha uma casa de boneca grande, com pessoinhas de madeira lá dentro, tinha uma mãe e um pai e até um cachorrinho. Tinha uma caixa com outras pessoinhas de madeira dentro, tinha um médico, uma enfermeira, um policial e um carteiro. O Rudyard estava sentado, com as mãos cruzadas no colo, e não falava nada. Ficou ali sentado sem dizer nada.

Tirei o pequeno carteiro de madeira da caixa e pus no meu joelho, e ele me falou que a Jessica ia me escrever logo e que ele ia me levar as cartas, então não era para eu me preocupar.
— Ok — respondi. — Eu não estou preocupado.
— Eu estou — o Rudyard falou.
— Eu não estava falando com você.
— Bom — ele disse. — Porque eu também não estava falando com você.
— Com quem você estava falando então?
— Comigo mesmo — o Rudyard falou.
Então, levantou a mão na frente dos olhos e começou a balançar os dedos.

— Não faz assim — pedi, porque fiquei nervoso.
Ele às vezes se faz de maluquinho, e eu não gosto. Mas ele não parou. Ele ficou fazendo aquilo. Eu pus o carteiro de volta e fui na direção dele. Então, agarrei as mãos dele para fazer com que parasse de se mexer.
— Não faz assim!
— Oh — ele fez. — Você estava falando comigo?
Fui até a casa de boneca e peguei a mãe de madeira. Aí pus ela no chão e peguei o menininho de madeira. Ele era eu. Ele entrou no banheiro. Ele teve pleurodinia, porque não queria ir nadar.
Então, o Rudyard falou:
— Acho que vou precisar de um favor seu, Burt.
— O que é? — perguntei.
O menininho de madeira saiu do banheiro e foi para a sala de estar, só que ele não podia ver televisão porque não tinha tomado banho antes do Popeye.
— Eu queria saber se você podia me ajudar. Hoje vou ter que ir nadar e estou com um pouco de medo, só isso.
— Você é mulherzinha — falei.
— Obrigado — o Rudyard falou. — Na verdade, morro de medo de várias coisas. De morrer e de nadar. É por isso que estou aqui. Eu devia estar agora na piscina, morrendo.
— Isso não é verdade — falei.
Cara, era mentira dele. Ele é adulto, ele não tinha medo. Era mentira.
— Sim — ele disse.
Joguei o menininho de madeira nele e berrei:
— Isso não é verdade, isso não é verdade! Você é um mentiroso! Você está mentindo, cara! Mulherzinha é que tem medo de nadar, só mulherzinha!
Mas o Rudyard não disse nada. Ele só se levantou, pegou

o menininho de madeira do chão e ficou segurando na mão. Ele ficou segurando o menininho de madeira com as duas mãos.

Primeiro você entra no vestiário. Os armários são menores que os da escola, mas fazem mais barulho quando bate a portinha, parecem tiros na minha cabeça. Todas as crianças saem correndo, gritando e batendo umas nas outras, e isso me faz morrer de medo. Eles dão toalha, só que não macia como em casa, é uma toalha que arranha. Você tem que tirar a roupa na frente de todo mundo. Eles dão sunga, mas não é sua para sempre, e eles mandam entrar no chuveiro, que é uma salona muito abafada e cheia de outras crianças desconhecidas, e a água é tão forte que machuca quando você entra lá embaixo, e o lugar inteiro tem cheiro de gente pelada.

Aí você tem que atravessar o corredor para chegar lá na piscina. É muito frio no corredor, e o chão escorrega. Eu caí. Todo mundo ficou rindo de mim, até que o Rudyard veio, me levantou e olhou para todo mundo, e todo mundo parou. Então, ele pegou a minha mão e a gente foi para a piscina.

Ele pôs em mim uma coisa como uma boia coberta de pano. Primeiro ele pôs uma nele mesmo, só que era muito pequena para dar a volta, então ele pegou duas e pôs juntas. Ficou engraçado. Eu ia rir se não estivesse morrendo de medo. Mas, antes de pôr a minha, ele pegou a fivela, soprou e esfregou com as mãos.

— Eu odeio quando essa parte está fria — ele falou.

E depois fechou a minha fivela. E não estava fria.

Muitas outras crianças estavam na piscina. Elas estavam todas pulando, espalhando água e berrando muito alto. O Rudyard olhou para mim e estendeu a mão. Ele segurou

a minha mão, e a gente foi andando juntos até entrar na parte rasa. A água estava muito fria. Eu quase gritei, mas o Rudyard gritou primeiro. Ele deu um berro:
— Que frio!

E não quis mais entrar.
— Rudyard — falei —, as outras crianças vão pensar que você é um bebezinho

E ele olhou para mim e falou que não estava nem aí para o que os outros pensavam. Menos eu. E eu falei:
— A gente podia ir até onde der pé.

E a gente foi.

A gente estava de pé na parte rasa, e tinha umas crianças que brincavam na água em volta.

O Rudyard berrou com elas, e elas pararam de jogar água. Ele gritou que estava morrendo de medo da água. Ele falou para elas irem espalhar água em outro lugar, e elas foram. Ele nem ligava se alguém achava que ele era um bebezinho. E eu gostei de ele ter mandado todo mundo embora.

— O que você acha? — ele perguntou, e apontou para a piscina. — Será que a gente deve arriscar?

Eu estava com medo, mas ele também estava com medo.
— Eu sou muito baixinho — falei. — Não dá pé para mim.
— Bem — o Rudyard falou. — Se eu levar você no colo, você não vai ser mais baixinho, e eu não vou morrer de medo porque você vai estar comigo.

Eu olhei para ele. Ele me pegou bem de levinho, me levantou e me segurou firme.

— Você tem que me apertar bem — ele disse —, para eu não morrer de medo.

E eu apertei forte, muito forte. A gente começou a ir mais para o fundo.

Todas as crianças gritavam tão alto que não dava para ouvir mais nada. De repente, o Rudyard também começou a gritar. Ele deu um berro:

— Estou com medo! Estou com medo!

Mas ninguém além de mim escutou, e então eu fiz uma coisa. Eu falei:

— Não precisa ficar com medo, Rudyard. Eu estou aqui com você.

E ele me abraçou um pouco. Eu estava com a água até a barriga.

— Às vezes gritar me ajuda a melhorar — ele falou. — Quando estou com medo. Não importa se alguém vai escutar ou não. Isso me ajuda quando estou com medo.

E ele me apertou.

— Segure mais firme em mim, Burt — ele pediu. — Isso também ajuda.

E eu apertei ele. Eu estava com a água até o peito.

Alguém jogou uma bola, que acertou bem na cara do Rudyard. Ele ficou muito bravo e gritou com o menino para levar aquela bola embora. O menino ficou com medo do Rudyard. Eu nunca tinha visto o Rudyard bravo daquele jeito.

— Fico maluco quando estou com medo — ele falou. — Todo mundo fica. Às vezes a pessoa nem percebe. Na próxima vez que você ficar maluco, pensa nisso. Pode ser que você descubra que tem medo de alguma coisa, sabe? Aí você não precisa mais ficar furioso.

Ele começou a saltar na água. Ficou descendo e subindo e subindo e descendo, e a água ficou mais alta ainda, até não dar mais pé, só que tudo bem, porque ele me segurou firme, e eu sabia que ele não ia me soltar. E eu estava com a água na altura do queixo.

Então, o Rudyard me apertou ainda mais forte.

— Está muito apertado assim — falei. — Você está me machucando.

Então ele me soltou um pouquinho. Ele continuou pulando e afundando para lá e para cá. Aquela espécie de boia estava dentro da água e eu sentia que era ela que me levava para cima.

— Pode soltar mais um pouquinho — pedi.
— Você acha? Não sei — o Rudyard falou.
— Tudo bem — falei. — Pode soltar.

Ele segurou as minhas mãos, mas ficou com um braço em volta de mim.

— Bate o pé — ele falou.

Eu bati. E fui parar em cima dele de novo. Então, parei e voltei de costas, ele segurou o meu braço. Aí bati o pé outra vez e fui para cima dele de novo. Tudo sozinho.

O Rudyard começou a rir.

— Você está nadando — ele disse. — Você está querendo me fazer de bobo?

Então, eu bati mais o pé. E ele me soltou mais um pouquinho e ficou segurando o meu punho.

— Rema com a mão! — ele falou. — Assim, olha!

E eu remei, e fui para cima dele mais depressa ainda.

— Me empurra de novo! — pedi.

E ele empurrou, e aí eu bati o pé, remei com a mão e fui para cima dele muito mais rápido.

Nesse momento, veio uma bola e acertou bem na minha cabeça, então eu afundei e não consegui respirar, tudo ficou preto. Tentei respirar e, então, consegui. Porque eu já estava fora da água, no ombro do Rudyard, e ele me levantou bem alto para eu conseguir respirar.

Ele ficou maluco. Ele xingou o menino que jogou a bola. Aí ele me puxou e falou:

— Vamos embora, agora.
— Não — falei.
— Não?
— Eu consigo, Rudyard. Eu estava nadando, cara! Eu já sei nadar. Você se dá conta disso, cara? Eu sei nadar!

E então ele olhou bem para mim, a minha cara estava bem na frente da cara dele, e ele me deu um grande sorriso.

— É verdade, cara — ele disse.

E me pôs de volta na água. E ele foi andando do meu lado o tempo todo com a mão embaixo, quase encostando em mim, e não deixou ninguém ficar perto de mim ou me assustar de novo, até o fim da piscina. Eu pus a mão na borda e me virei. O Rudyard estava lá longe ainda. Ele fez o nosso sinal. E eu gritei que era o nosso sinal e fiz a mesma coisa. Porque eu tinha ganhado dele, cara. Eu nadei sozinho. Eu nadei, cara.

Quando voltei da natação, encontrei uma coisa no meu bolso. Eram os papéis que eu tinha pegado no chão da sala do doutor Nevele.

17/12

```
    O paciente continua não comunicativo e não
cooperativo. Só posso considerar a interferência
contínua de Rudyard Walton um fator relevante
na falta de progresso deste caso. Embora a
recomendação do comitê esta semana tenha sido para
ele "acatar as decisões do psiquiatra responsável,
mesmo que sejam contrárias à sua opinião pessoal",
não obstante ele tem encontrado motivos para ver
o paciente ainda mais do que antes.
```

```
Hoje recebi uma carta dele. Para efeito de
registro, anexo aqui a carta:
```

Doutor Nevele:

Escrevo-lhe este bilhete numa sincera tentativa de diplomacia, empreitada estranha ao meu *modus operandi* habitual. (Você já reparou, não é?) Mas minha opinião sobre esta situação é forte o suficiente para justificar esse esforço, entre outros que você há de ter reparado.

Preciso dizer o seguinte: xerife, o senhor prendeu o homem errado.

Burton Rembrandt, ainda que provavelmente culpado do crime (continuemos a usar o termo inapropriado como uma licença poética) de que é acusado, envolvendo uma garotinha, certamente não é um criminoso. Eu exijo outro júri. A saber, eu mesmo.

Esta criança não representa uma ameaça maior para a sociedade do que a orfãzinha Annie. (Pelo menos ele tem pupilas nos olhos.) As psicoses que você parece inclinado a encontrar nesta jovem psique não passam de sinais de trânsito que dão orientações claras sobre como chegar a um lugar onde você obviamente nunca esteve: Simesmópolis.

O Burton foi traído e ficou enlouquecido com isso. Você não ficaria? Ele não tem consciência disso (não consegue colocar em perspectiva), mas sente isso com as entranhas (literalmente, às vezes), e foi em parte essa traição que o levou ao incidente com a Jessica Renton, e que continua a levá-lo à birra e ao silêncio aqui, onde ele sabe que não é seu lugar.

Ele é um ser humano em roupas de menino. Ele tem órgãos e sentimentos típicos de sua espécie, mas não os mesmos direitos. E não é só ele. Este país vem se acostumando cada vez mais com a ideia de que você só é uma pessoa quando chega à idade de votar e de beber. Isso está errado.

Você não entende isso, doutor (com o devido respeito), e, como não entende, não pode fazer nada. Deixe-o ir para casa. Ele não é louco, ele não é nem mesmo esquisito. Nós já identificamos o verdadeiro inimigo, e somos nós.

Sinceramente,
Rudyard Walton

Apesar do senhor Walton (parece-me que seu método terapêutico se vale mais da espirituosidade que do conhecimento — suas notáveis imitações de pacientes autistas, supostamente usadas para estabelecer empatia entre terapeuta e paciente, são mais apresentações de vaudeville que sessões de terapia), o comportamento de Burton Rembrandt será tratado estritamente por este terapeuta, e não daremos ensejo a futuras aberrações por aqui. Registrei uma queixa formal contra o senhor Walton, que será ouvida pelo Comitê de Diretores na próxima semana, e que resultará, se existe justiça, em sua remoção da equipe do Centro de Bem-Estar para Crianças de uma vez por todas.

Na semana passada, Burton recebeu uma correspondência postal da menina em questão, Jessica Renton. Telefonei para a mãe dela, com quem me encontrarei em breve para discutir esse caso. Eu lhe disse pelo telefone que acho que o menino (Burton) é gravemente perturbado, e a informei dos novos testes neuropatológicos que serão feitos com ele para determinar os possíveis efeitos de certos medicamentos sobre seu comportamento sociopata aberrante. A correspondência, contudo, foi retida e não será entregue ao paciente até que ele seja julgado psicologicamente estável o suficiente para assimilar esse tipo de estímulo. Devo acrescentar que ele não deverá ser informado sobre a referida correspondência até o momento aprazado. É particularmente interessante na carta a referência a pesadelos sobre o incidente com o paciente. O que ela diz sobre o assunto é material sensível demais para que ele seja exposto a isso agora.

Eu copiei isso na parede. Eu sei copiar, cara. Mas não entendi nada. São palavras de gente grande.

13

Depois do campeonato de soletração, começou a fazer frio. Eu fiquei surpreso, sempre sou pego de surpresa quando muda a estação. Isso é porque eu sou criança, e tudo demora mais para mim. Eu acho que o verão vai durar para sempre. Mas nunca dura. (A gente aprendeu as estações na aula de Ciências. A senhorita Ackles falou que o sol bate torto na gente ou alguma coisa assim, só que eu não entendi, então errei quando ela perguntou isso na prova de Ciências. Ela fez um X na minha prova do lado dessa questão. X quer dizer errado. C quer dizer certo. A senhorita Ackles usa um lápis bicolor para corrigir as nossas provas. Os lápis bicolores são o meu material escolar favorito, tirando os reforços para fichários, que são vermelhos de um lado e azuis do outro. São dupla-face, como os casacos. Só que sem zíper.)

O tempo logo ficou gelado lá fora, e todas as folhas caíram. Então, eu tive que passar o rastelo, que eu odeio, para falar a verdade. É como usar uma pá furada. Por sorte, a gente tem uma árvore-bebê, que ainda não tem muitas folhas. (A nossa árvore antiga foi cortada. Ela estava morta.)

Mais ou menos uma semana depois do campeonato de soletração, a senhorita Iris avisou que a gente ia ter uma festa de Halloween na escola. Todo mundo tinha que vir fantasiado (menos as crianças do orfanato, porque elas são pobres e não podem comprar, mas o Marty Polaski falou que elas podiam vir de crianças pobres. A senhorita Iris deu uma risada. "Você quer dizer maltrapilhos?", ela perguntou. Mas eu não entendi. Acho que é quando você faz uma pilha de trapos e se cobre com eles.)

Todo mundo tinha que trazer comes e bebes para a festa de Halloween. Eu falei que ia trazer biscoito. A mamãe faz biscoito, eles são deliciosos.

Eu sempre uso fantasia, não só no Halloween. As fantasias são maravilhosas de vestir. A mamãe é que faz para mim. (Menos a de Cadete Espacial Tom Corbett, que é de uma loja. Ela comprou para o Jeffrey faz dois anos, e ele me deu, porque no ano passado ele foi fantasiado de fruta.)

Mas a minha melhor fantasia é a de Superman.

Eu pedi a de Superman faz muito tempo, mas o papai falou que eu já tinha muitas fantasias. Aí, um dia, ele chegou em casa com uma caixa de uma loja e falou que era uma surpresa para o filho número dois (que sou eu). Abri e era uma fantasia de Superman. Só que, quando eu experimentei, não gostei, porque era larga e brilhante, e não igual à roupa do Superman de verdade, que é bem justinha, para mostrar os músculos. (Ele põe as mãos na cintura, e as balas ricocheteiam nele.) Mas o papai falou que era para eu vestir de qualquer jeito, pois ele já tinha comprado, e aí eu tive um ataque e joguei os livros pela escada, e me puseram de castigo no meu quarto. Depois a mamãe veio e falou que ia dar a fantasia de Superman para as crianças pobres e fazer uma de verdade para mim, para eu ir à festa de Halloween.

— Tem que ser bem justinha — eu falei.

Naquela mesma noite, o Jeffrey me deu um presente, era o bracelete de identidade dele, porque ele tinha ganhado outro de aniversário. Cara, é muito legal.

No dia seguinte, o Shrubs veio me chamar para ir à escola, como faz todas as manhãs. Aí, enquanto eu tomava café, ele entrou na sala de estar e roubou umas balas do pote de vidro da minha mãe. (A gente tem vários tipos diferentes. Tem até uma que solta um líquido quando você chupa, eu chamo essa bala de granada.)

No caminho para a escola nesse dia, eu contei para o Shrubs sobre a fantasia de Superman, e ele falou "Legal, cara" e aí eu mostrei o bracelete de identidade, e ele falou "Legal, cara". Ele disse que ia fazer a fantasia para o Halloween com caixas de papelão da loja de móveis do outro lado da rua. Eu perguntei do que ele ia se fantasiar, e ele respondeu que era de caixa de papelão.

— Não pode comer bala antes da escola — falei para ele. (Ele estava comendo.) — Dá lombriga, a mamãe falou.

— Não dá — o Shrubs disse. — Eu comi bala a vida inteira e nunca tive lombriga. Essas minhocas não comem bala, elas comem terra.

Na escola, todo mundo falava da fantasia que ia usar no Halloween. A Marcie Kane falou que ia se fantasiar de Fada do Dente. Ela parece mesmo um dente, eu pessoalmente acho. Mais tarde na vida, como profissão, ela deveria fazer a cárie, a Marcie Kane.

Eu fiquei o intervalo inteiro desenhando fantasias de Superman nas divisórias do meu fichário. Eu sempre desenho as coisas que quero. Fico desenhando até conseguir fazer direito. Ano passado, desenhei o Bengali, um tigre. Eu tinha visto o Bengali na televisão. Ele é igual ao de verdade. Ele ruge. Então pedi para ganhar o Bengali no feriado de

Hanucá, mas o papai falou que era muito caro e que eu ia enjoar em dois dias. Eu falei: "Mesmo se eu pedir por favor, papaizinho?" e ele disse: "Vamos ver". Isso quer dizer que não vai dar. Aí desenhei o Bengali. Eu desenhava muito. Eu desenhava nos jornais e nas margens da minha revista ilustrada. Aí eu ganhei, na primeira noite de Hanucá. Era o Bengali, cara, bem grande. Mas ele tinha fiozinhos. Tinha dois botões, um para andar e outro para rugir. Só que o rugido não era igual ao da televisão, parecia arroto, e eu não tinha visto os fios na televisão, e a cabeça era diferente do resto do corpo, parecia de plástico, e o resto era de pelúcia. Eu enjoei em dois dias.

Desenhei várias fantasias de Superman. Só a roupa, sem cabeça. Mas eu fazia também os músculos. Desenhei tudo isso na sala da senhorita Iris onde sento, perto da janela, e olho e finjo que o Tarzan está lá fora, nas árvores. Então, finjo que desço pela janela, e a gente sai balançando e eu faço o grito dele e salvo todo mundo quando os negros de cor de saias de folha cercam a escola.

Eu estava olhando pela janela quando ouvi a senhorita Iris gritar. Ela gritou com a Pat Foder, que estava conversando com a Francine Renaldo, que senta atrás dela. A Pat Foder é quatro anos mais velha que todo mundo porque repetiu oito vezes. Ela é nojenta, o cabelo dela parece uma explosão, só que ela usa vestido curto com meia, e eu sinto uma coisa estranha na barriga quando vejo. Ela está sempre conversando com a Francine Renaldo, que só repetiu duas vezes, mas é feia. Ela tem um narigão e um bigodinho. (Uma vez eu fui para a diretoria levar uma autorização da senhorita Verdon para a secretária ruiva, e a Francine estava no banco dos malcriados. Nesse dia, ela conversou comigo e foi boazinha.)

A senhorita Iris chamou o meu nome.
— Burt, por favor, pegue o seu material e vá para a segunda carteira, na fileira perto da estante de livros. A senhorita Renaldo pode mudar para a carteira de trás. Talvez, com uma pessoa sentada no meio, a senhorita Foder e a senhorita Renaldo percebam que não precisam perguntar tudo uma para a outra, atrapalhando o resto da turma, que quer aprender.

O Marty Polaski falou:
— Quem quer aprender?

E a senhorita Iris ouviu e olhou feio para ele.

Eu mudei de lugar.

A Pat Foder usa perfume, eu senti quando sentei, e ela virou, me olhou e piscou para mim. Eu senti uma coisa estranha.

Isso foi na aula de Leitura. O nome da história era *O cão vermelho*. É uma história muito interessante. É sobre um cão vermelho.

A Francine Renaldo encostou no meu ombro.
— Passe para ela, certo? — ela falou.

Era um bilhetinho para a Pat Foder.

Eu passei. Não pode, mas eu não quis levar bronca por estar conversando.

Aí a Pat Foder falou:
— Passe de volta.

Mas eu falei não. Então, levei bronca por ter falado. Depois ela me mandou passar, me chamou de "Querido" e piscou de novo para mim. Fiquei o dia inteiro passando bilhetinhos da Pat Foder e da Francine Renaldo. Um deles dizia:

Eu acho o Billy Bastalini fofu.

Então eu corrigi com o meu lápis vermelho de correção. A Pat Foder me perguntou como soletrava essa palavra, e eu levei bronca por conversar outra vez. Aí já era hora do almoço.

As crianças começaram a fazer fila para sair. A Pat Foder virou e perguntou se podia ver o meu bracelete de identidade. Eu respondi que não.

— Por favor, querido? — ela pediu.
— Não — respondi. — E não me faça levar mais bronca.
— Eu já devolvo.
— Não.

Aí ela começou a falar e falou que não ia parar até eu deixar que ela visse. Eu deixei ela ver. Ela pôs no pulso dela.

— Por que está escrito Jeffrey? — perguntou.
— Devolve.

Aí chamaram a nossa fileira para fazer fila. Ela se levantou e foi até a porta. Tentei agarrar o meu bracelete, mas ela puxou o braço. Na fila, ela começou a mostrar para todo mundo, falando que a gente estava namorando, mas que o Bill Bastalini ainda não sabia e, quando ele descobrisse, ia me bater.

Eu fiquei muito bravo, fui correndo para cima dela e segurei o braço dela. Então a senhorita Iris viu.

— O que está acontecendo aqui?
— Nada.
— Ele me deu o bracelete de namoro dele, senhorita Iris — a Pat Foder falou.
— Não dei nada! — berrei.
— Eu achava que você estava namorando a Jessica Renton — o Marty Polaski falou. — Eu vi vocês se beijando no zoológico.

Então, eu dei um soco nele, e a senhorita Iris gritou "Já

chega!" e eu fiquei com vergonha. Depois, todo mundo foi para o almoço, mas a gente ficou, e a senhorita Iris me mandou para a diretoria.

Depois da escola, eu tive que ficar no banco dos malcriados. O Shrubs também estava lá. Ele sempre tinha que ficar depois da aula porque sempre arrumava confusão. (Uma vez foi porque ele mesmo escreveu uma autorização dos pais para faltar. Ele escreveu que estava com câncer no pulmão.) Desta vez foi porque ele tinha comido balas na aula da senhorita Crowley. Ela falou que é falta de educação comer quando não se tem o suficiente para todo mundo, aí o Shrubs abriu a carteira, jogou trinta balas no ar e gritou: "Feliz Ano Novo!".

— Você vai sair para a Noite do Diabo hoje? — ele perguntou.

(A Noite do Diabo é a noite antes do Halloween, quando as crianças saem e esfregam sabão nas janelas e tocam as campainhas. A ideia é que você tem que se comportar como um duende malvadinho. Eles são delinquentes juvenis.)

— Não sei — respondi.

O Shrubs falou:

— A sua mãe deu um livro para a minha mãe ler para mim. O nome é *A história da sementinha que brotou*.

— É como os bebês nascem — falei.

O Shrubs falou que ele já sabia. Ele disse:

— Primeiro o papai vai ao shopping e compra uma bexiga branca. Aí ele traz para casa e enrola no papel-alumínio e põe no congelador para usar depois. Aí a mamãe põe o pijama, e eles vão para a cama deles. Então, ele tira a bexiga e mostra para ela, e ela fica toda feliz porque já está com o bebê.

Depois da escola, a gente resolveu varrer as folhas com rastelo. Temos uma firma, eu e o Shrubs, a Shru-Burt Ltda.

A gente varre folhas com rastelo. Também fazemos outras coisas. Fazemos casas de caixas de papelão com portas que a gente corta, e uma vez até uma de madeira, com um teto de sacos de plástico. Jantamos lá, batata chips. Também fizemos um jornal, a Gazeta de Shru-Burt. Eu mesmo escrevi com papel-carbono. Eu fiz cinco jornais. A senhorita Moss comprou todos. Ela mora duas casas depois do Shrubs. Aí o Jeffrey pegou e virou chefe, e eu tinha que ser o repórter. Então, ele me mandava sair e buscar as notícias, e eu desci a Lauder e fui pegando todos os jornais das casas de todo mundo. Vinte e seis jornais. A mamãe teve que devolver todos. Ela ficou muito brava.

O Shrubs tinha um rastelo bom, de madeira, não igual ao nosso, de metal verde e que faz barulho. Primeiro a gente varreu a casa do Shrubs e fez montinhos na rua para fazer fogueira, depois a gente varreu a minha casa. A mamãe pagou vinte e cinco centavos, a gente comprou Nik-O-Nips no Nick. (Só que não é mais do Nick, porque ele morreu. Agora é do Steve, que é estrangeiro. Ele é malvado. Ele não quis deixar que eu e o Shrubs comêssemos os nossos sanduíches de manteiga de amendoim lá dentro, da última vez que a gente fugiu.)

Depois de varrer, eu fui jantar em casa. A mamãe falou para não pisar com o pé cheio de lama na sala. Aí ela falou que achou muito bom o nosso trabalho e que eu já era um rapazinho, e também falou que, como eu tinha sido um bom menino, o papai ia sair comigo depois do jantar e ia fazer uma fogueira para a gente preparar *marshmallows*.

— Ah, não, mamãe — falei. — Hoje é a Noite do Diabo, para todos os duendinhos!

— Ah, é mesmo! Eu tinha esquecido! — ela falou.

Mas ela fez cara de quem estava brincando.

Então, depois do jantar, o Shrubs veio me chamar, e a gente foi. Estava de noite. A luz dos postes estava acesa. (Eu nunca tinha visto a luz acendendo; para mim, a luz ficava sempre acesa.)

A gente ficou tocando campainha. Era só correr bem de mansinho, tocar a campainha e depois sair correndo. Assim, quando a pessoa da casa abria a porta, não tinha ninguém. Ha ha.

Eu toquei a campainha de uma porta enquanto Shrubs ficou só olhando. A gente saiu correndo. Depois, nós dois tocamos uma juntos. Aí eu falei para o Shrubs tocar uma sozinho. Ele falou que não, mas eu obriguei, e ele foi. Ele chegou lá na porta. Tocou a campainha. Mas ele não saiu correndo. Ele só ficou lá parado. Eu falei corre, mas ele ficou lá com a mão no bolso, paralisado. Então, a porta se abriu e, de lá, saiu um senhor. Ele estava de gravata e falou:

— Sim, pois não?

O Shrubs não falou nada. Ele só ficou ali.

— O que eu posso fazer por você? — o senhor perguntou.

Mas o Shrubs só ficou olhando para ele. O senhor ficou ali um minuto, olhando para o Shrubs.

— Quem é você? — ele perguntou.

O Shrubs fez assim com os ombros.

— Você é o menino que entrega o nosso jornal?

O Shrubs respondeu:

— Eu não sei.

Aí o senhor entrou e fechou a porta. O Shrubs continuou lá parado. Então o senhor abriu a porta e olhou de novo para o Shrubs. E fechou de novo a porta. E só então o Shrubs foi embora.

Perguntei para o Shrubs por que ele não tinha saído correndo. Ele falou que não sabia.

A mamãe fez os biscoitos para a festa de Halloween e pôs tudo numa caixa de sapato. Depois amarrou com um cordão e deixou na bancada amarela da cozinha, para eu levar para a escola. Naquela noite, fui dormir, e a roupa de Superman ficou na outra cama do meu quarto. A mamãe tingiu uma ceroula comprida e tinha uma capa com um S e tudo. Parecia mesmo um Superman de verdade. Eu quase não consegui dormir.

No dia seguinte, acordei sozinho, não foi a mamãe que veio me acordar. Levantei, tomei banho e vesti a minha roupa de Superman. Fiquei na frente do espelho, pus as mãos na cintura e fiz igual quando as balas ricocheteiam. Eu mesmo preparei o café da manhã, suco de laranja e pão. Peguei a caixa de biscoito e fui embora. Eu nem levei casaco, porque eu era o Superman.

Quando cheguei lá na escola, ainda não tinha ninguém, então eu fiquei lá fora parado, esperando tocar o sinal. Fiquei segurando os biscoitos bem firme para não perder. Fiquei ali parado, esperando. Não veio ninguém. Esperei e esperei e nada. Estava frio. Eu fiquei com os meus biscoitos. Ninguém veio, eu não sabia o que fazer.

Aí a porta da escola se abriu, e saiu um homem. Ele olhou para mim, e eu vi, atrás dele, crianças lá dentro da escola. Então eu entrei.

Fui para a classe da senhorita Iris, mas só havia outras crianças diferentes lá dentro, não as da minha turma. Todo mundo ficou olhando para mim. A senhorita Iris não estava lá. Fiquei de pé, do lado da mesa dela, com a minha roupa de Superman, e todo mundo olhou para mim e ficou rindo.

Então a senhorita Iris chegou e falou:

— Oi, Burt, o que você está fazendo aqui? A festa do Halloween foi na primeira aula. A sua turma agora está na biblioteca.

Fui para a biblioteca, e todo mundo olhou para mim, porque eu estava vestido de Superman. Eu tinha esquecido de trazer outra roupa. Quando voltei para casa depois da escola, a mamãe falou:

— Desculpa, querido. Eu tinha hora no salão de beleza hoje cedo e escrevi um bilhete para o Jeffrey acordar você, mas esqueci de deixar na cozinha. Quando eu já estava no salão, encontrei o bilhete na bolsa.

14

Eu já estou no Centro de Bem-Estar para Crianças há três semanas. Não tive visita da mamãe nem do papai porque eles não deixam, são as regras daqui. O doutor Nevele falou que eu não estou adaptado. Eu não consigo me controlar. Tenho ataques de birra. Ele falou que eu sou um bom menino que, infelizmente, às vezes faz coisas ruins. Como o que eu fiz com a Jessica.

Estou aqui sozinho agora. Não tenho nenhum amigo. Não conheço quase ninguém, tirando o Rudyard e a senhora Cochrane. Nenhuma criança. Eu só tinha ficado fora de casa uma vez antes (tirando a vez em que dormi na casa do Shrubs). Quando eu tinha cinco anos, fui para uma colônia de férias.

A colônia de férias se chamava Acampamentinho Atinaka para crianças. Era muito, muito longe da nossa casa. A gente foi de carro, levou uma hora. Eu fui na corcovinha o tempo todo. A mamãe foi até lá falando como ia ser divertido, como no Spin e Marty, do Clube do Mickey. Eles usam chapéu de caubói e andam a cavalo. (Cara, eu amo Spin e Marty, eles são muito legais, só que eu odeio o Mickey, porque ele fala com aquela voz de menina.)

O Acampamentinho Atinaka durou uma semana. Eles tinham cabanas. A nossa era a cabana número um. A gente comia no Refeitório Ponta de Flecha, que parecia com a escola, só que não era preciso fazer fila. E todo dia no almoço a gente cantava uma música.

> Nós somos a número um,
> Número um, número um,
> Nós somos a número um
> E somos a melhor de todas.

Só que não era verdade. A gente era pior em tudo. Todo dia alguém fazia xixi na cama, menos eu. Eu não fiz nenhuma vez.

A cabana número um tinha duas supervisoras: a Laurie e a Sherry. Elas tinham cabelo bem curto, mas eram meninas. Elas dormiam na cabana com a gente e viam a gente se vestindo e pondo pijama. Eu sempre me trocava embaixo da coberta porque tinha vergonha.

Um dia, teve o dia da Corrida do Ouro, era uma atividade especial no acampamento. Todo mundo ficou o dia inteiro fingindo que estava procurando ouro, que eram pedras pintadas de amarelo. Um dos supervisores estava fantasiado de Garimpeiro Pete e ficava andando pelo acampamento com uma espingarda que atirava farinha nas crianças. Quando ele acertava, a pessoa tinha que morrer. Eu morria de medo dele, mesmo sabendo que não era de verdade. E naquela noite eu acordei na minha cama. Estava muito frio e eu precisava ir ao banheiro. Mas senti medo demais. Eu tinha medo porque o Garimpeiro Pete estava lá fora e não tinha banheiro na cabana número um. Tinha que sair e descer o morrinho. Então eu fiquei segurando.

Segurei até não conseguir mais e, então, fiz xixi na cama. Cobri com o lençol e o cobertor, só que estava muito frio e ficou me molhando, tudo encharcado. Tive que deitar em cima. E, no dia seguinte, todo mundo acordou, e só eu tinha feito xixi na cama. A senhorita Laurie falou que tinha estragado o cobertor, que ela ia jogar fora. Eu quis morrer. Agora estou no Centro de Bem-Estar para Crianças, e continuo sozinho. Não tenho nenhum amigo aqui. Eu queria que o Shrubs estivesse aqui ou até mesmo o Marty Polaski. Às vezes recebo carta da mamãe e do papai. Hoje chegou uma carta do Jeffrey.

Querido Burt,
Oi, comedor de meleca! Como vai? Eu vou bem. A mamãe mandou que eu escrevesse para você, então estou escrevendo. (Mas eu não quero.) (Brincadeirinha, ha ha.)
Ontem na escola, a gente fez o Exame Nacional. Eles fizeram a prova na hora da aula normal. A gente ficou o dia inteiro fazendo. Eu acho que você ainda não fez porque ainda é um nanico. São testes para determinar a sua capacidade para a faculdade. Não tem perguntas normais para você responder. Você tem que preencher um quadradinho do lado da melhor resposta com um lápis macio, pode ser A, B, C ou D. O senhor Lloyd falou como a gente pode trapacear. Basta preencher todos os quadradinhos, porque a prova é corrigida por uma máquina, só que ele falou que iam descobrir a gente. Ele é um babaca. Eu não preciso trapacear porque sou um aluno superdotado.
A mamãe falou que eu não posso contar para ninguém onde você está. Todo mundo me pergunta. Ela mandou falar que você está visitando uns parentes nossos. O Bruce Binder ouviu falar que você foi preso. Agora ele acha que a gente tem parentes na cadeia.

Afinal, onde você está? No dia em que a mamãe e o papai levaram você embora, a mãe da Jessica Renton ligou para cá umas cem vezes, mas eu não sabia o que falar. Eu disse que você estava visitando uns parentes nossos.

De qualquer jeito, desde que você foi embora, eu não entrei mais no seu quarto, então não se preocupe. A Sophie falou que você tinha deixado a maior bagunça, mas ontem eu encontrei a Sophie lá embaixo, ela estava com o seu violão, que você usa para imitar o Elvis, só que ela estava chorando.

De vez em quando, a mamãe me pergunta se eu sei por que você fez aquilo com a Jessica Renton. Ela fica triste, e eu não sei o que dizer. Ela falou: "Ele é seu irmão, você conhece o Burt." E eu falei: "Mas quem teve ele foi você, não eu." Eu lembro que, quando a gente era pequeno, você me batia quase todo dia, mesmo eu sendo mais velho. Por que você fazia aquilo?

Ontem à noite, o papai me deu um tapa na mesa do jantar porque eu falei que as costeletas estavam com gosto de vômito. A mamãe falou que ele já tinha chegado nervoso em casa. Ele saiu da mesa e só voltou depois do jantar. Lembra no inverno passado, quando ele ficou uma semana sem comer junto com a gente, e ninguém sabia por quê?

Mesmo detestando você, eu queria que você não demorasse e voltasse logo para casa, para me ajudar a tirar o lixo, e também porque não tenho mais ninguém para ficar à toa no domingo de manhã antes de todo mundo acordar.

Do seu irmão,

Senhor Jeffrey Rembrandt.

Mas eu ainda não recebi nenhuma carta da Jessica. Eu pergunto todo dia para o doutor Nevele se chegou, e ele não diz nada.

Ontem o doutor Nevele falou que queria que eu fosse ver outros médicos do Centro de Bem-Estar para Crianças, e que, se eu ficasse com outras crianças, talvez pudesse fazer amigos.

— Nós temos várias salas especiais aqui — ele falou.

— Salas para aprender a falar corretamente, salas para expressar nossos sentimentos usando brinquedos, salas de música e de teatro e até de ginástica e luta.

Eu falei que queria fazer luta porque eu podia fingir que era o Dick Durão. Cara, ele é malvado, mas que penteado incrível!

Então eu fui.

Primeiro a gente tomou café da manhã. Era ovo, mas tinha uns pedacinhos de coisas dentro, era omelete. Eu odiei. Também tomei suco de tomate, que eu acho que é sangue quando bebo. Mas não fiz birra. Eu só comi. Aí a gente foi.

Primeiro a gente foi para a Sala de Música. Todo mundo sentou no chão e cantou "Ela desce da montanha a cavalo" e eles mandaram fazer assim com as mãos e gritar "U-u-u!" no meio da música. Eu me senti um idiota.

Aí a gente foi para a Sala de Terapia Lúdica, aonde eu já tinha ido uma vez, com o Rudyard. Dessa vez brinquei na cozinha que eles têm lá. Tem geladeirinha de madeira e um forninho de mentira. Eu fiz estrogonofe. A mamãe fez uma vez. Eu odiei.

Aí a gente foi para a Sala de Fonoaudiologia. É mais para as crianças que não conseguem falar direito. Como o Manny, que não consegue falar "L". Mas, na Sala de Fonoaudiologia, alguém lá no fundo não parava de falar, e ninguém conseguiu entender quem era. Era eu. Eu aprendi a falar como um ventríloquo num livro que li na biblioteca da escola. Ensinava a fazer um boneco com um saco de papel. Era incrível. Aí eu ganhei o meu boneco, ganhei de Hanucá. Chamei o meu boneco de Bixby, que foi uma ideia idiota porque eu não conseguia falar o nome dele como ventríloquo. Então eu decidi matá-lo. Eu fiz uma cirurgia na barriga porque ele tinha pleurodinia, e saiu tudo que tinha dentro dele. Então, a mamãe doou o boneco para os pobres.

A gente saiu da Sala de Fonoaudiologia. Nesse momento, eu vi uma pessoa no corredor. Era o carteiro, que estava levando uma sacola de cartas para a sala. Corri e perguntei se tinha alguma carta da Jessica. Ele não sabia do que eu estava falando.

— Jessica Renton, ela ficou de me escrever.

Mas ele olhou bem para mim e falou:

— Eu não sei nada sobre isso.

Aí eu perguntei de novo, porque ele é carteiro, e ele falou:

— Olha, garoto, não me interessa quem escreve para quem, eu só faço o meu trabalho, me deixa em paz!

E aí eu perdi o controle e gritei:

— Me dá as minhas cartas, me dá as minhas cartas!

E dei um chute na perna dele e comecei a bater nele. Peguei a sacola dele e derrubei todas as cartas no chão. Então, pulei nas cartas e comecei a espalhar para encontrar uma carta da Jessica, e aí ele tentou me segurar, mas eu mordi a mão dele. Todo mundo saiu da sala, e o doutor Nevele me agarrou, pôs os braços em volta de mim e me levou embora para a Sala de Descanso, e eu continuei gritando para que me dessem as minhas cartas.

Ele me arrastou para dentro da Sala de Descanso e trouxe uma cadeira do corredor. Então, me pôs na cadeira, tirou o cinto e me amarrou com o cinto dele. Ele me deixou lá e nem falou nada.

Fiquei ali sentado sozinho. Não tirei o cinto. Eu sabia que não conseguia controlar os meus ataques de birra. Então, fiquei ali sentado sozinho, sem fazer nada. Depois, tirei o cinto e fui como um bom pequeno cidadão até a sala do doutor Nevele.

— Desculpa — falei.

E devolvi o cinto dele. Ele me olhou com uma cara engraçada, como se tivesse ficado com vergonha de alguma coisa, pegou o cinto e falou tudo bem.

— Eu só queria as minhas cartas, ela falou que ia me escrever — eu disse.

O doutor Nevele ficou vermelho quando falei isso. Eu não sei por quê. Mas ele só balançou a cabeça assim.

— Desculpa, Burt — ele disse.

Parecia que ele ia chorar.

Voltei para a minha ala. Deitei na minha cama. Fiquei lá até escurecer do lado de fora. Fiquei olhando para o teto, que tem furinhos, como o da escola. Perdi a hora do jantar. Aí fiz uma coisa. Fui até a janela, juntei as mãos, olhei para fora e falei:

> Estrelinha no firmamento,
> Primeira estrela da noite,
> Estrelinha no céu brilhante
> Realiza meu desejo esta noite.

E eu falei que era para a Jessica, por favor, me escrever uma carta, para eu saber se ela estava bem e que se lembrava de mim.

Então eu fui até a minha cama e deitei. Enfiei a cabeça no travesseiro. Não tinha nenhuma estrela, estava nublado. Também estava escuro na minha ala e eu estava sozinho. Ouvi um trovão, começou a chover.

Quando abri os olhos, tinha alguém do meu lado fumando

um cigarro, eu vi a brasa no escuro. E eu estava morrendo de medo.

— Tem alguém aí? — perguntei.
— Desculpa, eu acordei você?
Era o Rudyard. Ele soprou a fumaça.
— Não — respondi.
— Cadê todo mundo?
— Nas Atividades Especiais — eu falei. — Vendo filme.
— Ah, é mesmo.

O Rudyard sentou na cama ao meu lado. Meus olhos já estavam acostumados com a escuridão, e eu conseguia enxergar. Ele estava encurvado, como se estivesse triste ou alguma coisa assim.

Fiquei olhando para ele. Ele não falou nada, se levantou e ficou andando pelo quarto. Ele ficou olhando as coisas no escuro. Então, ele foi até a janela e ficou olhando lá para fora. A luz do estacionamento ficou por trás dele e ele ficou todo preto para mim. Ele era só uma silhueta.

— Você pode fazer um pedido para a estrela-cadente, Rudyard — falei. — Você pode encomendar coisas.
— Não tem estrela nenhuma.
Estava chovendo.
— Eu sei.

Mas ele ficou ali parado, olhando de qualquer jeito. Então, começou a falar. Ele falava sozinho. Falava para si mesmo.

— Dezesseis anos atrás, eu estava caminhando de volta para casa, vindo da mercearia que ficava num beco atrás da minha casa. Eu costumava ir lá só para olhar. Eu devia ter no máximo uns quinze centavos, mas ficava o dia inteiro fazendo compras ali, tentando decidir qual seria a melhor coisa para comprar com os quinze centavos. Quando finalmente eu comprava, realmente adorava.

"Naquele dia, na mercearia, eu reparei que eles tinham um novo display publicitário de papelão para biscoitos, desses que têm chocolate de um lado e são amanteigados no outro. Na verdade, eu odiava esse biscoito, mas era bom para mergulhar no leite. Ele ficava encharcado, mas não se desmanchava todo. Esse display tinha a foto de um menino dando um pulo. "Nesse dia resolvi comprar um sabonete porque durava mais do que um doce. Eu ia esculpir no sabonete quando chegasse em casa. Mas, no caminho, começou um temporal, ventou e choveu muito. Eu comecei a correr, mas a chuva me pegou. Estava assustado. Fiquei embaixo de uma árvore atrás da mercearia, no meio de uns arbustos, para não me molhar. Nesse momento, reparei que alguém tinha jogado fora um daqueles displays de papelão no beco. O menininho de papelão tinha se soltado. Ele estava sendo jogado pelo vento contra os arbustos. As pernas e os braços dele se agitavam freneticamente e se entortavam, como se ele estivesse tendo um ataque de birra.

"Finalmente cheguei em casa. Fechei os olhos e fui correndo. No caminho, deixei o sabonete cair. Mas até hoje, quando às vezes faço uma caminhada e olho para trás, tenho a impressão de que ainda estou vendo os meninos de papelão tendo ataques nos arbustos. Esta noite eu me lembrei disso..."

Ele voltou a se sentar na cama, ao meu lado. Observei a brasa do cigarro dele. Ele não disse mais nada por muito tempo. Então, finalmente, falou:

— Acho que vou ser despedido, Burt. A diretoria me pediu para sair.

15

Depois da simulação de ataque aéreo, só faltava uma semana para o feriado de Thanksgiving, e eu mal podia esperar. Adoro Thanksgiving. É feriado, mas não é preciso rezar e você come feito um maluco. Eu como muito para a minha idade. Eu como demais. Como mais que todo mundo, tirando o Shrubs. O papai diz: "É preciso saber quando parar, Burt. Até as melhores coisas têm fim."

No dia seguinte à simulação de ataque aéreo, teve eleição para escolher o chefe de distribuição da água. Bobby Cohen, que eu mal conheço, me nomeou, o que me deixou surpreso. A gente baixa a cabeça e levanta a mão para votar, não pode ver em quem os outros votam. Eu votei na Ruth Arnold porque acho um gesto egoísta a pessoa votar em si mesma, mas a senhorita Iris falou que eu devia, sim, votar em mim mesmo, pois isso mostrava confiança, mas eu acho que é falta de educação.

Fui eleito. Virei o chefe de distribuição da água da nossa classe. Toda vez que a gente ia beber água, eu tinha que ficar do lado do bebedouro apertando o botão e contando até três, então dava um tapinha nas costas da criança para mostrar que o tempo tinha acabado. (Eu sempre dava mais tempo para o Shrubs, e o Marty Polaski falou que, se a Jessica fosse da nossa turma, eu deixaria ela beber a água toda sozinha, e todo mundo ia morrer de sede. Eu dei um soco nele.)

Finalmente chegou o feriado de Thanksgiving. Naquele dia, na escola, eu vi a Jessica indo embora pela saída da rua Marlowe, mas, como ela não falou comigo, eu também não falei com ela. Fiquei olhando ela descer a Marlowe. Então, de repente, ela se virou e me deu tchauzinho. Aí eu dei tchauzinho para ela. A gente ficou dando tchauzinho um para o outro. Eu ri. Então ela caminhou de volta na minha direção. Eu dando tchauzinho e rindo e dando tchauzinho e rindo, mas ela estava dando tchauzinho para a Marcie Kane, que estava logo atrás de mim, e não para mim. Eu fiquei com vergonha. Comecei a andar. Mas aí ela falou:

— Não fala oi nem nada, Burt...

Eu me virei e falei:

— Tudo bem, não falo.

E fui embora.

Nessa noite, eu fiz um boneco. Fiz com pedaços de madeira que o papai tinha no porão. Os braços eram feitos com pedaços de madeira menores, o resto com pedaços maiores. Ele tinha bobinas como cotovelos, que rodavam, e a cabeça era uma bola de plástico, daquelas que se usam para decorar a árvore de Natal, que eu ganhei do Shrubs no ano passado. Pintei o boneco de cor de pele com pequenos círculos vermelhos nas bochechas. O cabelo, eu fiz de corda, e costurei um paletozinho e um short vermelho e uma camisa branca de trapo. Pintei sapatos nos pezinhos dele. Fiquei quase a noite inteira fazendo o boneco. O papai desceu para ver, mas me deixou passar da hora de dormir até eu terminar porque não tinha aula no dia seguinte.

Chamei ele de Jerry, o Boneco. Quando ele secou, levei lá para cima e deixei na cozinha. Estava escuro, e a mamãe e o papai estavam dormido. Dobrei um pano de prato e pus na bancada amarela para ser a cama dele. Depois, dobrei um pano de pia e fiz de travesseiro para o Jerry, o Boneco. Aí eu subi para a minha cama, mas me lembrei de uma coisa e voltei. Peguei outro pano de prato e fiz um cobertor para ele não sentir frio. Então dei um beijinho nele.

— Boa noite, Jerry, o Boneco — falei. — Estou contente de ter feito você.

Mas, no dia seguinte, acordei muito cedo porque era Thanksgiving e eu queria assistir ao desfile na televisão. Eu desci para o porão e liguei no Oral Roberts. (Eu gosto dele, ele berra.) Eu estava de pantufas com carinhas de cachorro.

O Jeffrey desceu. Eu perguntei se ele queria brincar de Três Patetas comigo. Eu sempre brinco com o Shrubs. Ele é o Curly. Eu sou o Moe. Eu bato na cabeça dele. O Curly é o meu favorito, o careca. Ele faz assim com os dedos, eu sei fazer. Às vezes, ele não está lá, e eles põem o Shemp. O Shemp parece o Moe, só que é mais feio. Às vezes eu sou ele. Mas ninguém é o Larry. Ninguém nunca quer ser o Larry.

O Jeffrey não quis brincar. Então, começou o desfile na televisão. Foi divertido. Tinha carros alegóricos. O meu favorito era do Bullwinkle, o alce. Ele é um desenho. Eu falei: "Oi, Bullwinkle!". E ele me deu tchauzinho.

A mamãe e o papai levantaram, eles estavam de robe e a gente tomou café da manhã e até comeu na sala de estar para assistir ao desfile. A gente comeu panqueca e tomou café Little Boys, que é café para criança com muito leite e açúcar. (Eu dei umas panquecas para o Jerry, o Boneco, mas ele não estava com fome.) Depois, a mamãe começou a fazer o jantar de Thanskgiving. Sempre temos convidados para o Thanskgiving. Em geral, são os tios, as tias e os primos do lado da minha mãe. O papai também tem um lado, mas não é para o Thanksgiving, é para o Pessach. A gente vai para a casa da Bubbie. Ela é minha avó. O nome dela é Bubbie. Ela é muito velha e fala judeu que eu não entendo, e só às vezes ela fala a minha língua, mas, mesmo assim, eu não entendo. Ela deveria ter legendas, eu pessoalmente acho. Ela sempre me chama de Baby Cocker porque uma vez eu fui com a minha roupa de David Crockett e aquele chapéu de pelo. Eu não tenho um Zadie[4] do lado do papai. Ele já morreu, eu nunca nem vi, só em fotos. Ele parecia o papai, só que marrom, por causa da foto. Do lado da mamãe, eu tenho um avô. O nome dele é Vovinho. É o Vovinho do lado da mamãe e o Zadie do lado do papai, só que o Vovinho não morreu. Eu não tenho uma Bubbie do lado da mamãe, ela morreu. O nome dela era Vovozinha. É muito complicado. Eu acho que o Vovinho devia casar com a Bubbie. Eles podiam ir para um restaurante e ficar conversando em judeu um com o outro.

Para o dia de Thanksgiving, a mamãe fez peru. Ela pôs o recheio que eu ajudei a fazer, eu esfarelei o pão tostado. Ela também fez doce de batata-doce, que é batata-doce, só que igual a um docinho com uma cereja em cima, que eu não gosto, então eu dei para o Jeffrey, que deu para a Cleo, nossa cachorra, que comeu e vomitou. É assim que a gente celebra o dia de Thanksgiving.

Depois do café da manhã, o papai falou:

---

[4] "Bubbie" e "zadie" são termos na língua iídiche e significam, respectivamente, avó e avô.

— Que tal a gente ir ver o Papai Noel hoje?
Eu falei:
— Não, obrigado.
— Por que não? — o papai perguntou.
— Porque a gente é judeu — falei. — É errado.
— Põe logo uma roupa, Burt, não se preocupe com isso — ele falou.
Mas eu cruzei os braços e não quis ir. Fiz cara feia. Então o papai veio e falou:
— Burt, o Papai Noel é para todo mundo. Ele é de todas as religiões. Agora vamos, depressa, ou vamos chegar atrasados.
Eu falei:
— Então ele é judeu?
— É — o papai respondeu. — Sim, ele é judeu, certo? Vamos.
E então a gente foi.
O Papai Noel estava no edifício Ford Rotunda, um prédio grande e redondo. É longe. Tem carros lá dentro. Eu perguntei para o papai como o Papai Noel chegou lá tão depressa se eu tinha acabado de ver ele no desfile na televisão, lá no centro da cidade. E ele falou que o Papai Noel tinha vindo de helicóptero.
No edifício Ford Rotunda, tinha a Floresta Mágica do Papai Noel. Lá, também havia luzes e árvores com cores, você andava e via elfos que eram estátuas e mexiam como um elfo de verdade. Também tinha uma parte com renas, e dava até para fazer carinho nelas. Eu não consegui ver a parte onde eles podiam voar, acho que estava tipo escondida. Dei um amendoim para uma rena comer. Ela comeu. Ela era marrom.
Então a gente foi ver o Papai Noel. Ele ficava no final da floresta. Tinha uma fila grande, que dava muitas voltas, e nem dava para ver o Papai Noel. A gente esperou muito. Aí

a gente chegou lá. O Jeffrey foi primeiro, sentou no colo do Papai Noel e falou:

— Eu quero que você me compre um Thunderbird miniatura. Vende na Maxwell, combinado?

O Papai Noel falou:

— Ho ho ho.

(Eu acho que o Papai Noel é um baita fingido porque ele fica rindo o tempo inteiro, e eu não sei no que ele vê tanta graça, para falar a verdade.)

Então o Jeffrey falou:

— Eu também quero uma camisa e uma calça de caubói e botas com esporas de verdade.

O Papai Noel falou:

— Ho ho ho.

E o Jeffrey desceu do colo dele.

Eu quis ir embora, mas o papai agarrou a minha mão e me puxou de volta.

— Não, eu preciso resolver uma coisa — eu falei.

Mas ele falou que era pra gente ir. Então eu sentei no colo do Papai Noel. Ele estava suado.

— Onde está o Blitzen? — perguntei.

— O que é isso?

— Blitzen, você sabe...

— Ho ho ho! — ele falou.

— Você é judeu? — perguntei.

O Papai Noel não respondeu nada.

— Você é? — insisti.

Aí ele falou:

— Bem, eu não sei. Bem, sim, acho que o Papai Noel é de todas as religiões. Então acho que sou judeu, sim.

Todos os pais começaram a ir embora com as crianças da fila. Eles ouviram. E o Papai Noel falou:

— Não foi isso que eu quis dizer.
Mas logo já não tinha mais ninguém na fila. Então, o papai pegou a minha mão, e a gente também foi embora. Estava quente para um dia de Thanksgiving. Nem tinha nevado e, na hora em que a gente chegou em casa, estava chovendo. A mamãe ainda estava fazendo o jantar. Estava um cheiro bom, e o papai ficou lendo o jornal, e o Jeffrey, uma revista.
— Mamãe, como é possível a Jessica não estar na lista telefônica? — eu perguntei.
— Quem é essa Jessica, querido?
— A Jessica, uma menina.
— Só tem os nomes dos papais na lista telefônica, querido, só os sobrenomes.
Eu abri a lista e procurei Renton. A lista era como um dicionário, eu sabia usar, e só tinha um Renton na rua Marlowe.
Eu morro de medo de telefone, porque uma vez uma telefonista atendeu e gritou comigo, dizendo que eu discava muito devagar, mas aí eu disquei. Eu queria contar para a Jessica que o Papai Noel era judeu.
Estava chamando. Aí parou. Aí chamou de novo, aí parou. Uma menina atendeu:
— Alô?
— É a Jessica? — perguntei.
Eu estava nervoso, cara.
— Aqui é o Burt, da escola.
Mas a voz dela estava estranha, não parecia a voz da Jessica, e eu deduzi que ela estava chorando.
— Ah, Burt — ela falou. — O meu pai morreu.

16

A chuva faz um barulho: shh shh shh. Dá para ouvir quando ela cai. É Deus mandando a gente não fazer barulho. Na tarde do dia de Thanksgiving, eu fiquei ajoelhado no sofá da nossa sala, olhando pela janela para os Nemsicks, do outro lado da rua, que estavam saindo de casa na chuva com um jornal na cabeça e entrando no carro deles. Eles estavam bem-vestidos. Estavam rindo. Mas o motor do carro deu um grito e a fumaça saiu, e eu pensei: eles devem estar indo para um enterro, que é uma festa sem presentes.

Da sala, senti o cheiro da cozinha, onde a mamãe estava preparando o jantar. A mesa da sala de jantar estava com a toalha chique e os pratos chiques de porcelana do armário, nos quais eu nunca podia mexer. Os copos chiques também e os talheres de prata com flores no cabo e os guardanapos de pano, não de papel, que pareciam umas toalhinhas de mesa de bebê.

Olhei para a rua, pela janela. A chuva caía como torpedinhos nos carros, e as gotas estouravam e viravam vapor em cima deles. A chuva traçava linhas nos vidros das janelas como um pintor que usa tinta transparente. Eu segui duas gotas de chuva. Pus o nariz no vidro e fiz rosquinhas de neblina soltando o ar e pegadas de marciano que a gente pode fazer com a mão, e ficou parecendo que uns marcianos tinham andado no vidro da janela, tentando sair.

Fui até o armário da entrada. Vesti a minha capa de chuva e calcei as minhas galochas.

A minha capa é amarela, parece uma casca de banana por fora. Dentro, tem pano com desenhos de barcos. Ela também tem um chapéu com um buraco para a cabeça. As mangas da minha capa de chuva são muito compridas, mas a mamãe falou que eu vou crescer, e logo vão ficar certinhas. As mangas passam das mãos.

As minhas galochas são de borracha, e a sola parece pneu, para eu não escorregar. Elas têm cadarços que ficam balançando, mas eu não sei usar direito porque ainda sou pequeno.

Dentro da minha capa de chuva, tinha mais alguém comigo, ele estava de calção vermelho, e o cabelo era de barbante. Jerry, o Boneco, era ele que estava comigo.

Dentro do armário da entrada, também estava a capa de chuva do meu pai. Eu tinha posto quando a gente foi ver o Papai Noel e também tinha mais alguém no bolso dela. Era o Macaquinho dos Abraços, que eu levei para ver o Papai Noel. Foi ele que me contou que a Jessica estava muito triste, mas ele não podia ir porque estava no bolso do papai, fazendo o jantar.

Eu abri a porta da frente e saí.

A chuva dava golpes no meu chapéu e fazia um barulho de tambor, mas a mamãe falou que a chuva são fadinhas dançando no telhado. Às vezes, eu faço uma coisa quando não tem ninguém olhando: abro a janela, ponho uma toalha para fora e falo: "Fadinhas, vocês podem entrar agora, eu vou apagar a luz para ninguém ver".

A calçada da Lauder é de quadrados de cimento com uma coisa tipo recheio em volta. Ela desce pela Lauder e vira a esquina. Eu segui essa calçada. Eu estava indo para um lugar, virei na Clarita e olhei para as casas. Lá dentro, tinha gente vendo televisão. Algumas casas tinham enfeites brilhantes nas janelas, e uma casa tinha uma caixa de sapato e, dentro, um presépio em miniatura. Essa caixa tinha palha, uns camelos e umas ovelhas e um bebê dentro com uma espécie de leque dourado na cabeça. (Uma vez eu fiz uma caixa parecida para ganhar um ponto na nota de Estudos Sociais. Eu queria tirar B, para a mamãe não ficar decepcionada. Eu fiz um Benjamin Franklin. Recortei da *Grande enciclopédia para crianças* e dobrei os pés para ele conseguir ficar de pé. Eu chamei de: "Benjamin Franklin Fica de Pé". Eu tirei C no final.)

Virei na Marlowe. As árvores geralmente formam um túnel e quase encostam nas do outro lado, mas agora elas estavam todas carecas. Parecia que estavam dando as mãos para cumprimentar as árvores do outro lado da rua, mas elas não conseguiam alcançar porque o pai da Jessica morreu.

E aí eu cheguei lá na casa da Jessica, aquela da janela azul. Eu parei bem na frente. E fiquei ali parado olhando. A porta da frente estava aberta. Tinha uma rampinha até a porta, como na nossa, e também tinha um R na porta de tela como o nosso. Igualzinho. Fiquei parado na calçada, com a minha capa de chuva, e fiquei olhando.

Estava cheio de carros na entrada, com placas em que estava escrito "Michigan, Maravilha Aquática".

A casa da Jessica tinha um poste de luz no jardim, parecia um postezinho de rua. Ninguém nunca está olhando quando o poste acende na rua. As luzes já estão sempre acesas. O postinho do jardim da Jessica já estava aceso. Eu fiquei ali parado olhando o postinho.

Então, veio um cachorro. Ele estava todo molhado. Ele era bege. Ele saiu do meio das plantas da casa do lado e entrou no jardim da Jessica. Então, cheirou as plantas dela e aí entrou no meio das plantas e fez xixi. Ele veio na minha direção. Sentou do meu lado e ficou olhando para a casa da Jessica. A gente ficou olhando junto. Aí ele foi embora.

A casa da Jessica tem toldos que parecem pálpebras, e a chuva batia no toldo, e eu pensei: a casa dela também está chorando. Mas eu fiquei bem ali onde estava para o caso de ela precisar de mim ou de alguma coisa.

A porta da frente se abriu. Um homem e uma senhora saíram. Eles estavam com um guarda-chuva enorme. Eles usavam chapéu. Eles estavam de preto, porque era um velório. O Jeffrey falou que as pessoas usam roupa preta para ficar tudo escuro, e a pessoa morta não acordar. O homem e a senhora desceram a rampinha da entrada. Eles quase trombaram comigo. Eles entraram no último carro parado na entrada e deram a partida. Então, eles abaixaram o vidro e perguntaram:

— Ei, menino, o que você está fazendo aí?

— Nada, só estou olhando — respondi.

Fiquei olhando enquanto eles iam embora pela Seven Mile Road, onde tinha muito trânsito, dava para ver os respingos dos carros na chuva e aquele barulhão. Eu não posso atravessar a Seven Mile. É muito movimentada. Tem faixas pintadas no asfalto e lá só tem lojas, não casas.

Esperei na frente da casa da Jessica. Fiquei olhando pelo buraco no meu chapéu de chuva. A porta da frente da casa do lado se abriu, e saíram duas crianças. Era o Roger e o Joey Lester, que eu conhecia da escola. Eles são gêmeos, mas não parecem. Eles olharam para mim, mas não me reconheceram por causa do chapéu de chuva. Eu não disse nada. Eles foram andando pela Marlowe. Eu não sabia que eles moravam ali, mas às vezes o Shrubs brinca com eles. Ele falou que eles são pobres. Eles não têm nenhum brinquedo, então brincam com as meias deles.

A casa da Jessica tem uma árvore na frente. Pulou um macaco lá da árvore, pousou no meu ombro e me falou, em língua de macaco, que tinha uns nativos na Seven Mile Road que estavam vindo matar a Jessica. Então, eu pus a mão do lado da boca e fiz o chamado, e todos os elefantes vieram e espantaram os nativos malvados. O macaco agradeceu e foi embora.

A mamãe falou que a chuva é quando Deus está consertando a torneira. Ela falou que Deus vê tudo, então é melhor eu me comportar. Perguntei para ela se Deus sabe como o palhaço Milky faz aqueles truques de mágica no programa de televisão. (Às vezes eu dou um tchauzinho para Deus. Ele é meu amigo porque uma vez eu rezei para o Tigers ganhar, e eles ganharam.)

Fiquei parado na frente da casa da Jessica. Cheirei a minha capa, tinha cheiro de barraca molhada. (Uma vez eu entrei numa barraca, em Northland, na Loja de Artigos Esportivos do Bill. Eles tinham umas barracas lá, e eu entrei numa. Era como acampar. Tinha o mesmo cheiro.)

Aí parou uma van na frente da casa da Jessica. Estava escrito "Paul Buffet" do lado, alguém pintou. Um homem saiu da van, deu a volta, abriu a porta de trás e tirou uma bandeja enorme cheia de comida. Ele subiu a rampinha e foi até a casa da Jessica. Fiquei olhando a van. Eu pensei: "Eu podia roubar essa van, salvar a Jessica e ir para a Flórida", mas o homem voltou. Ele me viu.

— Ei, garoto, você está perdido?
Não respondi.
— É melhor você sair da chuva. *Num* faz bem para a saúde, garoto — ele falou.
— Não pode falar *num* — eu disse.
Mas ele não ouviu, já tinha ido embora.
Olhei para todas as janelas da casa da Jessica. Eu achei que ela talvez tivesse me visto, que estava olhando para mim, sem que eu a visse, mas talvez ela estivesse, pois as janelas estavam embaçadas. Eu continuei lá mesmo assim.
O Roger e o Joey Lester voltaram. Eles estavam com uma sacola, e eu deduzi que eles tinham ido fazer compras. Eles olharam para mim de novo, e eu fiz assim com a mão, só que eles não cumprimentaram de volta. Eles entraram na casa deles e fecharam a porta.
O vento obrigava a chuva a fazer tipo curvas na rua, e ele soprou dentro do meu chapéu, eu olhei pelo buraco. Um galho caiu atrás de mim. Um esquilo correu para dentro de uma árvore. Um carro passou. Uma porta bateu numa rua mais abaixo. O vento fez passar uma folha de jornal perto de mim. Uma voz gritou alguma coisa. Um avião passou no céu. Na Seven Mile Road, quase teve um acidente. Começou a ficar escuro. Estava quase de noite. Fiquei parado ali, na frente da casa da Jessica. Fiquei parado olhando.
Um senhor entrou na casa dela com flores na mão. Uma velhinha saiu com um plástico cobrindo o cabelo para não molhar. Outra senhora abriu a porta da frente e olhou para mim, mas só balançou a cabeça e entrou outra vez.
Então ficou escuro. Eu vi que as luzes dos postes estavam acesas de novo, mas não vi a hora que acenderam. Peguei o Jerry, o Boneco, e andei até o postinho de luz do jardim da Jessica. Eu coloquei o boneco embaixo do postinho, tirei o

meu chapéu de chuva e pus na cabeça dele, como se fosse uma barraquinha de acampamento para o Jerry, o Boneco.

Eu olhei mais uma vez para a casa dela e, então, comecei a andar de volta para casa. Ainda estava chovendo, e eu estava sem o meu chapéu de chuva, mas nem liguei. Eu estava pensando em outra coisa. Eu estava com a capa de chuva. As mangas passavam das minhas mãos.

Quando cheguei em casa, a mamãe estava muito brava.

— Como você sai de casa assim, sem avisar a ninguém? Você deixou todo mundo preocupado. E, por sua causa, o jantar esfriou, todo mundo ficou esperando, olha que horas são. Aonde você foi?

Eu tirei a minha capa de chuva e pendurei direitinho no armário. Tirei as minhas galochas (os meus sapatos sempre ficam presos dentro, e eu tive que tirar um pé de cada vez). Guardei as minhas galochas.

A minha casa estava cheia de gente. Estava um barulhão e uma fumaceira de charuto dos meus tios.

Subi para o meu quarto. Fechei a porta. Deitei na minha cama. Olhei lá fora, pela janela.

Levantei. Sentei na outra cama. Levantei de novo. Fui até a minha mesa e sentei. Levantei de novo. Andei até o meu armário. Abri a porta. Entrei nele e fechei a porta.

17

Na segunda-feira de manhã, depois do feriado de Thanksgiving, acordei e estava tudo diferente. Lá fora estava chuviscando e eu olhei e pensei: agora nada mais está igual. Olhei para o meu abajur de caubói. Um dos caubóis estava tocando gaita, eu sabia que esse era o sinal. A mamãe entrou no meu quarto enquanto eu estava vestindo a calça. Ela viu o meu pipi, e eu dei um berro. Ela falou:

— Meu Deus, eu sou sua mãe, não sou?

E eu falei não (porque eu acho que sou adotado).

Mas ela preparou o café da manhã como sempre e fez barulho engolindo como sempre, e aí o Shrubs chegou e, enquanto eu pegava a minha capa de chuva, ele foi para a sala de estar e roubou uma bala daquela coisa de vidro. Era como se eu não tivesse ido para a escola fazia muito tempo. No caminho, pensei que a Jessica não ia estar lá, mas que eu ia estar com a turma dela porque ela começa com a senhorita Iris, e a senhorita Iris havia pedido para eu fazer um novo quadro de anúncios para o Natal. Mas a Jessica ia faltar porque você pode faltar quando morre alguém. (Uma vez eu faltei. A irmã da Sophie morreu, e eu fui ao velório, que foi numa igrejinha no centro, e todo mundo era negro de cor, menos a gente. A mamãe teve que ir correndo lá para a frente e abraçar a Sophie, de tanto que ela estava chorando.)

— Você quer de laranja ou de uva? — o Shrubs perguntou. Ele mostrou umas balas, mas não tirou o papel porque estava usando luva de hóquei. Ele está sempre com elas, elas são gigantes. Elas são todas acolchoadas, e os dedos são muito grandes, então dá para pôr dois dedos em cada um e fica parecendo que você tem um dedo a menos. Eu peguei uma de uva, era uma granada.

(Eu perdi as minhas luvas. Sempre perco. Nunca sei onde foram parar. A mamãe sempre fala: "Luvas não saem andando por aí sozinhas", e eu respondo: "Saem, sim. As minhas viajaram para a Flórida no inverno com a tia Fran e o tio Les". Ela fala: "Não quero ouvir nem mais um pio". Ela até comprou umas coisas que prendiam no meu casaco para eu não perder as luvas. Eu perdi o casaco. A mamãe disse que eu perderia a cabeça se ela não estivesse presa no pescoço, mas eu falei que seria molezinho para eu achar depois porque sei como ela é, só que os espelhos fazem parecer ao contrário.)

Fui direto para a sala da senhorita Iris para fazer o quadro dela. Sentei lá no fundo, eu nem queria ouvir. Peguei uma das carteiras novas, que têm uma coisa dura em cima, igual às mesas de cozinha. Gosto de carteira nova, elas são lisinhas e não precisa pôr uma folha embaixo da outra por causa dos risquinhos marcados.

Para fazer o quadro, tive que usar cola de verdade, e não cola branca, e uma tesoura de ponta que arranca o olho fora. Comecei pela barba. Fiz com o algodão que peguei da caixa de primeiros socorros na diretoria. Mas a cola derramou

em mim, e a mesa e o algodão grudaram tudo. Comecei a espirrar, e todo mundo me olhou.
Tocou o segundo sinal, o dos retardatários. Então aconteceu uma coisa. A Jessica entrou.
Ela estava toda chique, com meias até o joelho e vestido e sapatos brilhantes com janelinhas em cima. Ela estava atrasada, mas a senhorita Iris só fez assim com a cabeça para ela sentar logo. No caminho para a carteira dela, a Jessica me olhou. Eu estava cheio de algodão grudado em mim.
— Turma, hoje cada um vai contar uma história — a senhorita Iris falou. — Um de cada vez, vamos contar o que cada um fez no feriado de Thanksgiving. Vai ser uma maravilha.
(Eu me senti esquisito porque estava em outra classe e também porque a Jessica tinha vindo e eu estava coberto de algodão, e a senhorita Iris falou maravilha.)
— Andy Debbs, você pode começar?
(Comecei a fazer o nariz. Ia ser redondo, como uma tigela cheia de gelatina. Fiz um círculo, mas não ficou redondo, então recortei um pouco, mas, mesmo assim, não ficou bom. Então eu recortei mais e estraguei. Desenhei outro no papel grosso, mas não consegui fazer redondinho. Tentei de novo, aí amassei tudo. Quebrei o meu lápis com um golpe de caratê. O Andy Debbs contou para todo mundo sobre o dia de Thanksgiving dele.)
— Primeiro a gente foi para a igreja rezar com as freiras e agradecer a Deus por mais aquele dia de Thanksgiving, mas o Petey Woods não foi porque quebrou a perna no balanço faz duas semanas e não tinha muito o que agradecer.
"Estava chovendo, então depois das rezas a gente foi para o salão, onde estavam as árvores de Natal para a gente decorar. As crianças mais velhas tinham que ficar tomando conta das menores, então não foi tão divertido porque elas ficaram

enchendo a gente. Este ano duas lojas deram duas árvores para a gente: a loja de ferramentas Brickman e o posto de gasolina Torch. A gente usou os mesmos enfeites do ano passado, mas algumas bolas estavam quebradas. Até as freiras ajudaram. O padre Birney também veio, foi uma honra.

"Então teve o jantar de Thanksgiving. Foi especial porque puseram toalha nas mesas do refeitório. A gente comeu peru com molho e sobremesa. Podia repetir.

"Depois a gente voltou para o salão e ficou todo mundo brincando. Depois a gente rezou, e o padre Birney falou como éramos abençoados pela graça de Deus por ter aquelas freiras maravilhosas cuidando da gente e como ele antes chorava porque não tinha sapato até que ele conheceu um menino que não tinha pé, e aí a gente foi dormir, mas eu me safei de escovar os dentes porque fui eu que pus os jogos no lugar."

(Finalmente consegui, peguei três circulinhos que eu desenhei com moedas e pus juntos e aí ficou quase parecendo um nariz. Então, eu colei e escorregou, mas eu deixei.)

A senhorita Iris chamou a Ruth Arnold. Ela estava toda sorridente, como uma idiota. Ela começou a falar, só que ninguém conseguia ouvir o que ela estava falando. Ela é a pessoa mais feia da América, sério. Quando ela nasceu, os pais falaram "Que tesouro!" e enterraram a menina. Ela bebe água primeiro com o nariz, o nariz sempre chega antes dela. (Isso são piadas.) O Eugene Larson gritou: "Aumenta o volume!" e a senhorita Iris mandou a Ruth Arnold parar até todo mundo ficar quieto.

— No feriado de Thanksgiving — a Ruth Arnold falou —, a gente foi para a Filadélfia, na Pennsylvania, visitar a minha tia Greta. Filadélfia é uma cidade com muitos lugares históricos.

Ela pôs a mão no bolso e tirou um pedaço de papel. Então começou a ler.

— Temos o imponente Salão da Independência, onde nossos antepassados assinaram a Declaração de Independência ainda em 1776.

O Eugene Larson começou a tossir. Ele caiu da carteira e começou a rolar no chão, e todo mundo deu risada. Então a senhorita Iris se levantou e pegou o Eugene pelo colarinho e tirou da sala. A Ruth Arnold continuou. Não dava para ouvir o que ela estava falando de qualquer jeito.

A Jessica se virou e olhou para mim. Eu vi a Jessica. Eu olhei para baixo e fingi que estava fazendo o nariz de novo.

A senhorita Iris voltou, bateu a porta e mandou cruzar os braços e abaixar a cabeça até todo mundo se acalmar. A Ruth Arnold ainda estava lendo aquele papel dela.

— Já chega, Ruth, pode sentar — a senhorita Iris falou.

— Turma, todo mundo de braços cruzados, já!

Eu não sabia o que fazer. Não sabia se aquilo era para mim também. Levantei a mão para perguntar, mas a senhorita Iris não viu. Então eu me levantei e fui até a mesa dela, mas parei no meio do caminho e vi que a Jessica estava olhando para mim, e aí fiquei ali parado.

— Burt, o que você está fazendo? O que diabos você está fazendo? — a senhorita Iris perguntou.

Eu fui andando até a mesa dela.

— Senhorita Iris, eu também tenho que baixar a cabeça?

— Não.

Eu voltei para a minha carteira e comecei a fazer a boca.

— Certo, pessoal — a senhorita Iris falou. — Se vocês já pararam de falar, podem começar a levantar a cabeça bem calminhos, a gente vai continuar. Pode sentar, Ruth, você já teve a sua vez.

Então a Jessica levantou a mão. A senhorita Iris viu, mas não disse nada. A Jessica levantou mesmo assim e foi para a frente da classe. Ela estava sorrindo. Achei que ela ia cantar. Ela arrumou o vestido, ajeitou o cabelo para trás e ficou parada com uma boa postura. Então, ela começou a falar, não muito alto, não muito baixo. No tom certo.

— Na manhã do dia de Thanksgiving, acordei bem cedo e tive uma surpresa quando olhei pela janela do meu quarto e descobri que conseguia enxergar tudo até Montana. E vi o meu cavalo, o Blacky, correndo, a crina ao vento e a poeira levantando em torno dos cascos dele. Ele estava correndo na minha direção.

"Eu me vesti e saí. Ninguém mais tinha acordado ainda, e o sol já estava forte como num dia de verão. Nem precisei me cobrir. Fui até a varanda da frente, onde ficam as flores no inverno, e tinha um menino na calçada usando uma capa de chuva. Eu falei: 'Ei, menino, por que você está de capa de chuva? Não está chovendo'. E ele me deu um boneco. Aí a gente saiu para passear.

"A gente saiu pela calçada e deslizou por uma portinha para um lugar onde tinha muitos brinquedos. Tinha bonecos, aeroplanos em miniatura e bonecas de pano. Aí a gente foi para um lugar onde tinha brinquedos de parque de diversão e a gente brincou neles, e só tinha a gente. Depois a gente foi passear de barco.

"A gente achou um carro, estava com a chave dentro, e chegamos lá na Flórida depois de três horas de viagem. Quando voltamos, montamos uma peça de teatro sobre uns policiais. Então ficamos muito cansados e fomos para a minha casa e fizemos truques de mágica até dormir e, quando a gente acordou, tinha virado adulto."

Ninguém disse nada. Olhei para ela com os meus olhos. Não consegui parar de olhar para ela. Ela olhava fixamente para o fundo da sala, onde tinha um quadro de anúncios com os perus que eu tinha feito em cima. E debaixo da minha barriga, eu senti alguém me beliscar como um avião com um motor movido a elásticos, cada vez apertando mais. Apertando. Ninguém se mexeu. A senhorita Iris não se mexeu. Mas eu levantei sozinho e fui até a frente da classe. Olhei para a Jessica. Ela olhou para mim e se voltou para a porta. Ela abriu a porta. Eu saí atrás dela.

18

A Jessica saiu pela porta da rua Marlowe debaixo do nariz dos monitores. Eu quase não consegui acompanhar, e ela atravessou correndo a rua Curtis e começou a descer a Marlowe, andando depressa para a casa dela. Estava frio lá fora, mas, só depois de um quarteirão, percebi que a gente estava sem capa. Ainda estava chovendo. Na minha frente, eu vi a chuva no cabelo da Jessica, e as gotas presas ali pareciam diamantes.

A rua estava vazia. Não tinha nem os guardinhas porque todos estavam na escola. (Quando eles tiram o cinto, voltam a ser meninos de verdade. Um dia, eu vi aquele guardinha nojento da esquina da Lauder com a Northland com a mãe dele, e ela estava mandando que ele tirasse o dedo do nariz. Nem parecia a mesma pessoa.)

A Jessica dobrou na esquina da Margarita. Ela não estava indo para a casa dela coisa nenhuma, deduzi.

— É melhor a gente voltar — falei atrás dela. — A gente veio sem capa e, como essa é a estação da gripe, é melhor não bobear.

Mas ela continuou andando, cada vez mais rápido. Ela estava com pressa de chegar a algum lugar. Eu não sabia qual. Aí eu pensei uma coisa: que ela estava tentando fugir de mim, porque ela não tinha pedido para eu ir junto. Então parei na calçada e coloquei os braços em volta de mim mesmo, porque estava muito frio e eu fiquei olhando para ela, cada vez menor na rua.

Mas ela parou. Ela se virou e berrou:
— Vem, está muito frio!
Eu fui correndo. Mas tropecei e ralei o queixo no chão e fiquei com vergonha porque ela estava olhando.
— A gente precisa de casacos — ela falou.
— Com certeza — concordei.
E depois eu o vi. O inspetor da escola que pega os estudantes que matam aula. Ele estava encostado no carro, parado a um quarteirão da minha casa, ele usava chapéu em cima dos olhos e anotava num bloquinho os nomes de todas as crianças que matavam aula, e os nossos nomes estavam lá. Ele estava perto da minha casa para pegar a gente. Então, eu segurei o braço da Jessica.
— É o inspetor, Jessica. Ele vai pegar a gente e mandar para o reformatório. O que a gente vai fazer?
A Jessica olhou para ele.
— Burt, ele só está lendo o medidor de água.
— Ah.
A gente continuou andando direto para a minha casa.
El Commandante chegou na escola e amarrou a senhorita Messengeller na sala dela até ela contar onde guardava o dinheiro da cantina. Aí eu cheguei na sala dela porque eu tinha tido um ataque na aula de Estudos Sociais e vi El Commandante, mas os outros soldados me capturaram. Acontece que eu escapei fazendo ventriloquismo e matei El Commandante com a minha espada. Então eles me expulsaram por má conduta, indigna de um bom pequeno cidadão. A Jessica me ajudou.

Isso é o que eu ia contar para a minha mãe quando ela me perguntasse o que eu estava fazendo em casa.

— Não conte nada para a minha mãe — pedi para a Jessica. — Ela é surda, então não vai mesmo escutar. A gente precisa usar linguagem de sinais.

Mas não tinha ninguém em casa. Eu precisei entrar pela portinha do leite, o que eu faço sempre. Tinha um leite lá. Chocolate, não tinha. Eu me espremi para passar. Sou bom de me espremer. Um dia, o papai perguntou por que eu não entrava num envelope e me mandava para o Alasca, mas eu falei que não tinha selos suficientes. (E não tinha mesmo.)

Passei pela cozinha até os fundos e abri a porta para a Jessica. Ela estava tremendo de frio. Ela ficou parada ali fora, tremendo toda, e de repente eu achei que ela ia morrer, então subi correndo para o meu quarto e peguei a minha cobertinha. Eu cobri a Jessica com ela. A cobertinha ficou muito contente.

Depois eu fui até o armário da entrada. A casa estava muito silenciosa, dava para ouvir o relógio da sala, e eu fiquei com um pouco de medo porque não era para eu estar ali. Abri o armário da entrada e peguei o casaco do papai, aquele que eu usei quando fui lá no Ford Rotunda ver o Papai Noel. Senti alguma coisa no bolso, era o Macaquinho dos Abraços, ele estava almoçando lá dentro do bolso. Também peguei o casaco que a mamãe usa para fazer compras. Levei tudo lá para trás e pus o casaco da mamãe na Jessica por cima da minha cobertinha e vesti o casaco do papai. As mangas passavam das minhas mãos. O Macaquinho dos Abraços estava cantando.

A Jessica logo parou de tremer. Ela ficou segurando a minha cobertinha embaixo do casaco. Ele gostou.

Falei que era melhor a gente ir logo porque, se a minha mãe voltasse, ia ter briga.
A gente foi.
A gente começou a andar na direção da Seven Mile Road, o contrário do caminho para a escola. (Pensei que nunca mais voltaria para a escola. Eu tinha razão.) A gente passou a casa do Shrubs na esquina do lado do lava-jato. Não tinha nenhum carro lá dentro, porque o tempo estava horrível, mas tinha dois senhores de cor sentados no banco lá fora. Eles estavam comendo batata chips. Eles estavam usando avental preto de borracha. Um deles, eu já tinha visto antes, ele está sempre ali, ele parece malvado porque o nariz dele é assim para baixo, mas uma vez o Shrubs falou que ele ficou trancado fora de casa e foi ao lava-jato, e esse homem deixou que ele esperasse ali e até deu batata chips, e ele nem precisou ajudar nem nada.
A gente virou na Seven Mile. À esquerda. Para lá é a direita, para cá é a esquerda, para lá desce, para cá sobe. Se você se perder, peça ajuda a um policial e, se não der para escovar os dentes após cada refeição, faça um bochecho e engula. Eu sou uma fonte de informação. O papai sempre fala isso.
Aí a gente chegou lá na Maxwell. Tem duas mulheres que trabalham lá. Uma é nova e pequena, tem cabelo preto e é boazinha com as crianças. A outra é velha, de cabelo cinza e malvada, e o Jeffrey chama ela de velha mandona. Ela tem até os óculos presos com corrente no pescoço para não fugirem. Naquele dia, só a velha estava na Maxwell.
O cheiro da Maxwell é de sapato novo. São os brinquedos. (Todos estão de sapato novo.) A Jessica foi para a parte das bonecas porque é menina, e eu fui para os caubóis. Eles ficam numa prateleira especial só deles, num lugar que as

crianças não alcançam. Eles são coloridos. Eu tenho alguns, até o Zorro eu tenho, mas eu sempre vou olhar para eles na Maxwell porque tem as armas e os chapéus que saem e eu já perdi os meus.

Tinha um novo na prateleira que eu reconheci na hora, Hopalong Cassidy. Não gosto dele porque é velho demais para ser caubói, ele tem o cabelo igual ao do Vovinho. Eu acho que ele tinha que se aposentar no Borman Hall, onde o Vovinho mora, é como um hospital, onde a pessoa fica enquanto está morrendo, só que é kosher. Mas eu gosto da roupa do Hopalong Cassidy, é preta com uma espécie de unhas. O Jeffrey ganhou a bicicleta do Hopalong Cassidy de aniversário. Era preta com umas unhas nela.

A velha mandona veio atrás de mim e perguntou:
— Posso ajudar, garotinho?
Eu dei um pulo de mil metros. E depois falei:
— Quero comprar briquedos para os meus meninos. Tenho dois filhos, Burt e Don Diego. São garotinhos fantásticos. Eles ganharam o campeonato de soletração da escola.

A velha mandona usava o mesmo perfume da senhora Marston, a professora do jardim de infância. Dava para sentir o cheiro a um quilômetro de distância, um cheiro de torta.

Eu fui para a parte de beisebol. "Bela luva", falei. Então entrou um homem na Maxwell, e a velha mandona foi atender.

Era o inspetor da escola. Eu me joguei embaixo do display dos tacos de beisebol.
— Por favor, entre pela porta dos fundos. Não posso deixar você sujar o chão, a empregada acabou de passar cera — a velha mandona falou para o inspetor.

Ele saiu pela porta da frente e foi para os fundos. Ele estava levando as jaulas para os fundos, e eles iam caçar a gente e colocar naquelas jaulas.

Peguei um taco.

A velha mandona voltou para a parte do beisebol para me procurar, mas eu não estava mais lá; eu estava atrás do balcão de madeira, onde eles vendem coisas de escoteiro. Sentei no chão com o meu taco. Não podia deixar nos capturarem, não podia deixar levarem a Jessica.

Senti o perfume da velha mandona. Segurei firme o meu taco. Ela veio andando até bem pertinho de mim e parou. Ficou tudo em silêncio.

Aí eu pulei e gritei:

— É uma armadilha! É uma armadilha!

E eu balancei o taco de beisebol em cima da cabeça.

— Vocês não vão nos capturar vivos! — berrei.

O inspetor da escola entrou pela porta dos fundos, e eu corri para cima dele com o taco, gritando "Aaaah", e corri para a porta dos fundos, passei por ele e corri pela calçada dos fundos da Maxwell, pulando e correndo com o taco na mão.

Aí o inspetor deixou umas caixas na Maxwell, entrou na van dele e foi embora.

Eu parei de pular e correr. Estava sozinho na frente da Maxwell, e ele tinha ido embora. Então, voltei para a loja.

— Esse taco é muito leve — falei. — Acho que vou escolher outra coisa.

Fui para a parte de animais de pelúcia. A Jessica ainda estava olhando as bonecas. A Maxwell tem muitos bichos de pelúcia para você escolher. Eu tinha um panda, o meu favorito, junto com o Macaquinho dos Abraços, mas ele se afogou quando o porão inundou. O meu preferido na Maxwell é o canguru porque ele vem com um bebê na bolsa, e você fica com dois bonecos. Eles também têm uma morsa com dentões.

— Acho que eu talvez vá levar um desses cangurus — falei para a velha mandona —, só que ainda vou dar mais uma olhada porque custa uma fábula.

Ela me seguiu pela Maxwell inteira. As mangas do casaco do papai enroscavam nas coisas e derrubavam tudo das prateleiras.

— Rapazinho — a mandona disse —, se você não tiver dinheiro para comprar, é melhor sair. Aqui, não pode entrar criança sozinha.

Mas eu não estava sozinho, a Jessica estava comigo. Fiquei com raiva da velha mandona, e estava quase começando a gritar quando ouvi a Jessica falando na seção de bonecas.

— Essa não é uma boneca Raggedy Ann de verdade — ela disse. — Os olhos da Raggedy Ann de verdade são botões, não são de plástico. A senhora não tem uma de verdade?

— Essa é de verdade, mocinha — a velha mandona falou.

— Agora você e seu irmão precisam ir embora.

— Não, sinto muito — a Jessica falou. — Essa não é a verdadeira. Eu tinha a verdadeira, e ela morreu. Ela morreu com o meu pai no hospital, um dia antes do dia de Thanksgiving.

Por um minuto, a velha mandona ficou sem saber o que fazer. Ela olhou para a Jessica e mexeu nos óculos. Então disse adeus, pegou as nossas mãos e nos empurrou para a porta da frente. Mas a Jessica se soltou.

— Saiba a senhora que hoje é feriado na nossa religião, e eu e o meu irmão viemos aqui comprar brinquedos, que é o que se deve fazer nesse feriado. É melhor dar do que receber, a senhora sabe. Mas agora não podemos porque a senhora não deixou. Acho que é uma pena para a senhora. É muito triste mesmo.

E ela saiu da Maxwell sozinha.

— A senhora deveria rezar — eu falei, antes de ir atrás da Jessica.

A gente subiu a Seven Mile Road juntos, e a Jessica não falou mais nada. Ela era boa nessas mentirinhas, era mesmo.

— Jessica, cada rua tem uma cor diferente — eu falei. — A Seven Mile Road é preta com listras brancas, a Lauder é cinza e a Marlowe tem pedras. Eu acho isso muito interessante.

Então eu vi um homem descendo a Seven Mile na nossa frente, ele foi se afastando e ficando cada vez menor. A gente aprendeu isso em Ciências, é porque o mundo é redondo. Eu falei isso para a Jessica.

— Sim — ela concordou. — Mas e se não for isso? Como quando eles tocam a sirene de ataque aéreo no sábado. Talvez o homem esteja mesmo ficando menor.

(Às vezes eu tenho um sonho à noite. Sonho que estou andando com adultos na calçada de uma rua que nunca vi antes. De repente, eles começam a andar mais depressa. Eu quase não consigo acompanhar porque sou muito pequeno, mas eles continuam andando cada vez mais depressa. Eu não corro porque fico com vergonha de correr quando todo mundo está andando, mas eles vão para muito longe de mim, bem lá na frente, eles vão ficando cada vez menores, e eu fico para trás. Eu grito: "Esperem por mim, por favor!" Mas eles não esperam. Eles vão ficando cada vez menores, menores, até desaparecer. E eu fico sozinho.)

Aí a Jessica saiu correndo, mas ela tropeçou na calçada e caiu. Eu fiquei louco com ela porque não pode atravessar a rua correndo, não é seguro. Então, atravessei, agarrei no braço dela e sacudi. Às vezes a mamãe fala que fica louca comigo porque ela me ama, e eu nunca tinha entendido isso até aquele momento.

— Você tem que obedecer às regras de segurança, Jessica — falei. — O policial Williams falou isso na palestra dele.

(Eu sou bom de regras de segurança. Vermelho é pare, verde é pode ir e laranja é cuidado. Eu não sei o que é o amarelo.)

A Jessica pôs o dedo na boca e um pé em cima do outro, como uma criança. Ela me olhou com aqueles olhos dela, que são gigantes. Ficou balançando para trás e para frente, e a boca foi junto. Ela ficou olhando para mim.

— Se você vai ficar só me olhando, é melhor tirar uma foto logo, que dura mais — falei.

Ela deu a língua, e a boca dela ficou brilhante.

— Sua cara vai congelar para sempre nessa posição — falei.

Ela fez mais careta. Parecia que ela ia chorar de novo. Aí ela tirou a mão da boca e tentou me dar a mão. Ela encostou no meu braço.

— Te peguei, hahaha! — ela berrou, e saiu correndo pela calçada.

Eu corri atrás, peguei as mãos dela e chacoalhei muito.

— Não me provoca, Jessica — pedi. — Eu odeio isso.

Então ela pôs de novo o dedo na boca e fez aquela cara de quem vai chorar. Eu não sabia se ela estava fingindo ou não. Com a Jessica, nunca dá para saber. Eu só fiquei olhando para ela na Seven Mile Road, e os carros iam passando, e o trânsito estava barulhento em volta da gente.

Ouvi outro barulho, vinha de trás. Me virei e tinha um garotinho de bicicleta, ele tinha colocado figurinhas nos raios da roda e por isso fazia aquele barulhão. Cara, ele andava sem medo naquela bicicletinha, subia no meio-fio e descia para a rua e quase batia nos carros e depois voltava para a calçada. Ele estava de tênis vermelho. Ele passou, e eu vi que estava indo embora, com o tênis vermelho dele girando nos pedais. Lá no começo da Seven Mile, ele empinou e andou só com a roda de trás e fez a curva. Então sumiu.

A Jessica e eu fomos até a grande esquina da Greenfield Road com a Seven Mile, que era muito barulhenta e tinha muitos carros em alta velocidade.

— Vamos atravessar — a Jessica falou.

Agora ela estava sorrindo. Eu respondi:

— Não. A gente não pode atravessar sem um adulto. A mamãe mandou nunca atravessar a Seven Mile Road sem um adulto, para eu não ser atropelado.

— Ah, vamos mesmo assim — ela disse.

Ela começou a atravessar sozinha. Estava vindo carro, eu corri atrás dela e puxei de volta para a calçada. Eu estava tremendo. Soltei a Jessica e pus a mão no bolso. Ela só ficou me olhando. Aí ela foi embora.

— Jessica — chamei.

Mas ela saiu andando. Eu pensei, ela está indo embora, ela ficou brava comigo porque eu não quis atravessar a Seven Mile e porque sou um covarde.

Então fiz uma coisa. Passei do meio-fio para a rua e comecei a atravessar sozinho. Os carros pararam, dando uma freada, e alguém abaixou o vidro e berrou comigo, mas eu continuei, e aí eu fechei os olhos porque eu estava morrendo de medo, mas continuei até chegar do outro lado da Seven Mile Road. Mas, quando olhei, a Jessica nem estava olhando. Ela estava conversando com um homem na frente da barbearia. Aí ela deu a mão para ele, e ele atravessou a Seven Mile Road com ela de mãos dadas e depois voltou sozinho. Aí a Jessica veio falar comigo.

— Burt, você não pode atravessar sozinho — ela disse. — Eu fiquei morrendo de medo que acontecesse alguma coisa com você.

Eu simplesmente fui embora. Eu estava quase chorando, e aí ela veio correndo atrás de mim, mas eu nem virei, porque estava quase chorando.

— Desculpa, Burt — ela falou. — Eu não quis dizer que era para você atravessar sozinho.

Fiquei em silêncio por alguns minutos, mas daí falei tudo bem, e a gente voltou junto pela calçada da Seven Mile, mas eu olhei bem para ela e não entendia o que ela queria dizer quando falava aquelas coisas.

A gente chegou lá no Paraíso das Crianças. É bem pertinho da loja que vende calcinha de mulher (tem na vitrine, o que me deixa com vergonha) e tem brinquedos de parquinho de diversão. Mas estava fechado por causa do inverno. Mas tinha um homem lá, ele estava desmontando os brinquedos. Ele estava sujo, com uma camisa xadrez e uma barba porque não tinha se barbeado.

A Jessica parou e se encostou na cerca em frente ao Paraíso das Crianças. Então, ela ficou olhando aquele homem, ele estava desligando os fios.

O homem viu a gente. Ele começou a andar na nossa direção, e eu saí correndo, mas a Jessica ficou ali mesmo, apoiada na cerca.

— Ei, crianças, vocês não deviam estar na escola? — o homem perguntou.

Eu vi que tinha sujeira embaixo das unhas dele.

— Hoje é um feriado especial — a Jessica respondeu. — Para nós. Só para duas crianças. Nós.

O homem sorriu.

— Ah, sei — ele falou. — Conheço esse feriado. Eu também tirava alguns feriados assim.

A Jessica sorriu de volta para ele, mas eu quis ir embora, não se deve falar com estranhos.

— Vocês querem dar mais uma volta no barquinho antes que eu desmonte tudo?
— Não — eu respondi.
— Sim — a Jessica falou.
Balancei a cabeça, mas ela pôs a mão em mim e me olhou. Eu falei:
— Jessica, não é certo. O Paraíso das Crianças está fechado.
Mas ela sorriu, me puxou e a gente foi.
O homem estava lá soltando outro fio. Ele me pegou e me pôs num barco e pegou a Jessica e pôs em outro barco.
— Aproveitem, porque, a partir de amanhã, tudo isso vai embora. Acabou o Paraíso das Crianças. É só esta noite. A partir de amanhã, vocês não vão mais poder voltar para o Paraíso das Crianças.
— Nunca mais? — a Jessica perguntou.
O homem apenas sorriu. Ele mexeu num pauzinho, e os barquinhos começaram a andar. A gente sentou lá dentro e foi. Eu fingi que o meu era de verdade. Dava para passar a mão na água e fazer ondinha, estava fria. Eu toquei o sino do meu e virei o leme. E então aconteceu uma coisa.

Virei para ver a Jessica no barquinho dela, mas ela não estava no barquinho, estava vazio, aí eu virei para o outro lado e vi a Jessica. Ela estava de pé dentro da água, no meio dos outros barquinhos, até o joelho na água, ela estava com o dedo na boca, a Jessica estava chorando.

Fiquei de pé no meu barco, peguei o braço dela, e ela entrou no meu barco. Ela estava toda molhada. A Jessica estava chorando. Ela sentou do meu lado. Não dava para ver o homem. A gente deu várias voltas.

No fim, o homem voltou, só que dessa vez ele voltou malvado. Ele tirou a gente do barquinho e mandou a gente embora do Paraíso das Crianças.

— Chega de Paraíso das Crianças para vocês dois — ele só falava isso sem parar.

Eu morri de medo.

A Jessica estava tremendo de novo, e a gente foi andando pela Seven Mile. Ainda estava chovendo e estava ventando muito também. Eu sabia que tinha que salvar a Jessica. Então, eu vi uma coisa. Era a Hanley-Dawson Chevrolet, uma loja de carros na Seven Mile Road bem perto do Paraíso das Crianças. É um salão grandão de parede de vidro, onde eles vendem carros. E na vitrine estava escrito bem grande:

CONHEÇA OS NOVOS MODELOS — CAFÉ COM ROSQUINHA GRÁTIS!

Eu peguei a Jessica pela manga e puxei para dentro da Hanley-Dawson Chevrolet.

Estava quente lá dentro, eles tinham um sofá, e a Jessica sentou. Era um sofá verde. Aí eu fui lá na mesinha do café com rosquinha. Estava rodeada de adultos. Eu tive que ficar na fila. A Hanley-Dawson Chevrolet tinha mesas com homens de terno e telefone e também uma mulher com um fone de ouvido e fios que ela ligava e desligava quando tocava um telefone. Eu fiquei esperando na fila, como um pequeno cavalheiro, até chegar a minha vez, e então fiz café Little Boy para a Jessica, e me olharam feio porque eu usei quase todo o leite. Também levei uma rosquinha para ela, era sem recheio, sem aquele branco em cima. Eu mostrei para ela como o papai me ensinou a mergulhar a rosquinha no café com leite. Eu mergulho até sanduíche de atum no chocolate com leite, é delicioso e nutritivo.

— O Morty Nemsick chama isso de sofá, mas os meus pais chamam de canapé. E você, Jessica?

Só puxei assunto para fazer com que ela parasse de tremer. Mas ela não falou nada. Ela pôs o café perto da boca, mas começou a cair tudo porque ela ainda estava tremendo, então eu tirei o café da mão dela e fiquei segurando enquanto ela bebia.

Um homem de paletó veio na nossa direção.

— Vocês estão com alguém? — perguntou para a gente.

— Estamos, sim, senhor — respondi.

Ele olhou para os nossos casacos.

— A gente está guardando para os nossos pais — eu falei.

— Eles devem estar chegando.

Ele foi embora, e eu fiquei olhando ele falar com outro homem de paletó e olhar para a gente e apontar. Então eu me levantei. Na nossa frente, tinha um carro vermelho. Tinha uma mulher e um homem olhando o carro. Eles estavam chiques, eram mais jovens que os meus pais. A mulher estava de bota de salto alto e maquiagem. Então, eu cheguei e fiquei parado atrás deles.

— Adorei o estofamento do carro — a mulher comentou.

Eu olhei para ela e balancei a cabeça.

— É um opcional — o homem disse.

— Fabuloso — falei.

Os dois olharam para mim, então eu dei um tchauzinho. Eles olharam para o meu casaco.

— Eu ainda vou crescer para caber nele — falei. — É ótimo no inverno.

O homem de paletó ficou me olhando junto com o outro homem. Eu dei um tchauzinho para eles também. O homem e a mulher deram a volta no carro vermelho, e eu fui atrás deles, balançando a cabeça quando eles falavam alguma coisa.

Mas aí eu olhei para a Jessica, e ela estava tremendo ainda mais, então fui para perto dela. Eu tive uma ideia.

— Vamos — falei.
Levantei a Jessica. Fui levando a Jessica até um carrão preto que eles tinham. A porta estava aberta. Era preto lá dentro. Tinha bancões. Tinha janelas. E estava quente lá dentro. A gente entrou. A gente fechou a porta. Eu sentei do lado do motorista como o papai, e a Jessica ficou do meu lado. Ela tirou os sapatos e pôs a minha cobertinha nas pernas dela e logo ela foi esquentando, eu percebi. Olhei pela janela. Fiz uma coisa que costumo fazer em carros. Olhei para o vidro da janela e achei uma mancha de sujeira. Aí eu fechei um olho e fiquei subindo e descendo com a cabeça, fazendo a cabeça pular por cima das árvores.
— Bem, já chega, criançada, fora daqui. Isso aqui não é loja de brinquedo — o homem de paletó disse.
Ele estava fora do carro. A gente travou as portas.
O homem de paletó saiu e voltou com o outro homem de paletó, que era mais velho.
— Acabou a brincadeira, criançada — ele falou. — Agora saiam. Já para fora.
Eu ignorei aquele homem. Eu dei um gelo. Ele bateu no vidro com o punho e olhou para o outro homem de paletó e falou:
— Tire-os já daqui, está me entendendo?
E foi embora. O outro homem ficou e olhou feio para a gente.
A Jessica pôs o rosto na minha cobertinha e abraçou. Os joelhos dela subiram e baixaram, ela estava de meia até o joelho, dobradas em cima, as meias estavam bem macias e brancas de tão molhadas. Tentei encostar a mão. Quase encostei, mas, em vez disso, acabei pondo a mão no banco.
Logo todas as pessoas da Hanley-Dawson Chevrolet estavam paradas em volta do carro olhando para a gente. Eu dei

um tchauzinho para elas. Parecia um desfile, só que a Jessica não olhou para ninguém. Ela só ficou olhando para baixo.

O homem de paletó foi chamar a moça com fone de ouvido.

— Você tem filhos — ele falou. — Veja o que pode fazer com essas crianças.

A moça abriu um grande sorriso, olhou para a gente e falou:

— Agora, venham, crianças. Vocês não acham que já está na hora de ir para casa? Aposto que as mamães e os papais de vocês devem estar preocupados.

Mas eu estava ocupado dirigindo. Estava indo para Miami. A Jessica estava com fitas no cabelo que combinavam com o vestido. As fitas também estavam molhadas, por causa da chuva lá fora, e balançavam. E eu quis pôr a mão na fita, mas nem encostei.

Um dos homens de paletó começou a rir, e o outro falou:
— Não dê corda.

Então o velho voltou e berrou:
— Onde diabos está a chave desse carro? Alguém pode me explicar o que está acontecendo aqui?

Três homens de paletó foram procurar a chave.

Continuei dirigindo em direção à Flórida, e a Jessica abaixou a cabeça e fechou os olhos. Quando ela deitou, a minha cobertinha escorregou das pernas dela. Eu abaixei para arrumar e, quando pus a mão, senti uma coisa. Perto da direção. Fez um barulhinho. Eu olhei. Era a chave do carro.

Então fiz uma coisa. Não sei como, mas fiz. Estiquei as pernas até o pedal longo, pisei até o fundo e soltei o pé, pisei e soltei, e aí virei a chave. Saiu fumaça, o carro deu um pulo, fez um barulhão. Todo mundo saiu de perto do carro, e o velho de paletó veio correndo e bateu de novo no vidro com a mão fechada e gritando:

— Seus pirralhos, eu vou chamar a polícia! — ele gritou.

Então eu não fiz mais nada, porque eu não sabia o que ia acontecer. Mas aconteceu uma coisa. A Jessica começou a falar.

— Burt, a minha boneca Raggedy Ann não morreu. Eu matei minha boneca no hospital. Eu fui visitar o papai. Eles levaram ele numa ambulância. Eu estava com a minha tia, ela me levou para o quarto. A mamãe já estava lá dentro, do lado dele, ele estava embaixo de uma coisa de plástico, uma barraca, e tinha tubos por toda parte. Mas ele estava de olho aberto. Eu cheguei mais perto dele. "Papai, sou eu, a Condessa", eu falei, mas ele não respondeu. "Sou eu, a sua Condessa", falei de novo. Ele olhou bem para mim, mas não disse nada. Parecia que ele nem sabia quem eu era. Eu falei "Sou eu, papai", mas ele olhou para o outro lado, e eu achei que talvez fosse aquele plástico, que ele não estava conseguindo me ver, então eu puxei o plástico de cima dele, mas a mamãe segurou a minha mão, e eu empurrei a mamãe. Eu fiquei brava com o papai, ele nem falou comigo, eu gritei com ele. Eu gritei que ele estava sendo malvado comigo porque não queria falar comigo. A minha tia me puxou e me tirou do quarto. Ela me mandou sentar ali fora, naquelas cadeiras de plástico duras. Eu estava com a Raggedy Ann.

"Então a mamãe saiu chorando do quarto. Ela falou para a minha tia que não tinha mais nada a fazer e que era para me levar para casa. Mas eu dei um berro e disse que queria ver o papai. A minha tia me apertou com força e não deixou. Ela falou que aquilo era uma coisa que as crianças não entendiam.

"E então eu decidi que não ia mais ser criança. Peguei a Raggedy Ann, matei e joguei no lixo do lado do elevador."

E a Jessica começou a chorar. Ela chorou e chorou muito dentro do carro, toda encurvada para frente, e eu não sabia o que fazer. Então eu abri os braços, como o papai faz quando eu tenho pesadelo, e abracei a Jessica. Abri os braços, e ela veio se encostar em mim, na minha frente. Abracei a Jessica dentro do carro. Abracei bem apertado, enquanto os adultos olhavam pelas janelas em volta da gente.

19

O policial tinha uma pistola, mas não matou a gente. Ele era simpático como um policial e gostava de crianças, mas falou que era perigoso dirigir dentro de uma loja. Ele ligou para a mãe da Jessica, mas ela não estava em casa, e então ele telefonou para a minha casa, mas o Jeffrey atendeu e falou que não tinha ninguém com aquele nome. Então o policial falou que a gente podia ir embora se prometesse ir direto para casa, e, quando a gente saiu, eu ouvi o velho de paletó falar: "Só isso? Você vai deixar eles se safarem assim sem mais nem menos?. E o policial respondeu: "O senhor nunca foi criança?".
 O céu estava uma verdadeira maravilha, estava cinza como sujeira e garoando (quando eu volto sujo e molhado para casa porque briguei com alguém, a mamãe sempre diz: "Que verdadeira maravilha!"). As ruas estavam brilhando de água e dava para ver o próprio bafo. A gente voltou andando.
 Eu fui atrás da Jessica para poder ficar olhando para ela. A gente passou pela Maxwell do outro lado na volta. O relógio enorme na frente do banco estava marcando quatro horas.
 A gente não conversou mais. Ficamos quietos o caminho todo até a casa da Jessica. Na entrada, tinha dois carros:

uma perua e um carro pequeno. Eu sabia que o pequeno era do pai da Jessica. A Jessica abriu a porta pequena no lado da casa, e a gente entrou, mas eu não queria. Eu fiquei esperando do lado de fora até ela falar para eu entrar. Então entrei. As luzes estavam todas apagadas. Não tinha ninguém em casa, nem os animais de estimação. A Jessica tirou o casaco da mamãe e pendurou, mas eu continuei com o meu. Tinha alguém no bolso, o Macaquinho dos Abraços. Ele estava dormindo. A Jessica passou pelo corredor e foi até a sala. Ela não falou nada. Ela sentou de lado no sofá e esticou os pés em cima, formando umas manchas escuras porque os pés dela estavam molhados. (Não pode pôr os pês nos móveis porque estraga, e depois tem que jogar no lixo. Uma vez o meu avô vendeu todas as cadeiras da nossa casa sem avisar a ninguém. Veio um homem e, quando a mamãe chegou, ele já estava carregando as cadeiras para o caminhão. Ela gritou com o homem: "Onde já se viu se aproveitar de um velho de oitenta anos que não sabe o valor dos móveis?".)

Eu fiquei parado no corredor, olhando para a Jessica. No canto da sala, tinha um relógio alto e antigo. Relógio de pé. O Capitão Canguru tem um que dança na televisão, mas o da Jessica não, ele nem tinha o rosto pintado no meio das horas, só uma coisa embaixo que balançava para lá e para cá.

Do lado do sofá, tinha uma mesa cheia de centros de mesa de renda, que são flocos de neve feitos de tecido, e de descansos para copos. (Eu gosto de descanso para copos como coisa para se ter, eles não precisam ser dobrados.) A Jessica olhou pela janela atrás dela e começou a pular num pé só pela casa inteira.

Lá fora, a lua tinha aparecido. Na aula de Música, a gente aprendeu uma canção:

Oh, lua branca de fulgores e de encanto
Se é verdade que ao amor tu dás abrigo
Vem tirar dos olhos meus o pranto
Ai, vem matar esta paixão que anda comigo
Ai, por quem és, desce do céu... Oh, lua branca,
Essa amargura do meu peito... Oh, vem, arranca
Dá-me o luar da tua compaixão
Oh, vem, por Deus, iluminar meu coração.
E quantas vezes lá no céu me aparecias

— Você consegue ver a cabeça do senhor que mora na lua? — perguntei.

As nuvens passaram pela frente da lua, e a ela ficou sumindo e aparecendo. Uma vez eu estava na varanda da frente da minha casa olhando a lua, e a mamãe saiu e tentou me mostrar o rosto do senhor que mora na lua, mas eu não consegui ver. Eu nunca consegui ver o rosto do senhor que mora na lua.

A Jessica não falou nada. Eu sentei no sofá. Tinha parado de chover lá fora. Lá longe no céu, estava vermelho. Tudo que tinha na casa era marrom. No inverno fica escuro cedo e a gente volta o ponteiro do relógio para trás. O céu é onde Deus mora, eu já rezei para ele lá. Eu rezei para o pai da Jessica não morrer, mas Deus não me ajudou. Quando eu era pequeno, achava que a noite era quando as nuvens estavam cobrindo o céu.

— Você molhou o sofá — falei para a Jessica.

Ela olhou para mim e disse:

— Quando o papai morreu, a mamãe cobriu tudo com lençóis para que as pessoas não derramassem nada em cima. Ela só tirou os lençóis ontem. Ela falou que estava na hora de parar de ficar triste, mas ela chorou a noite inteira.

A Jessica olhou para onde estava úmido e falou:
— Ela devia ter deixado com lençol.
Olhei pela janela, encostei o nariz no vidro e se formaram rosquinhas de vapor.
— Olha, Jessica, rosquinhas — eu falei.
Mas ela estava olhando para outra coisa, perto da escada, pendurada no corrimão, uma bolsa.
Do outro lado da rua, acenderam a luz da varanda. Estava mais escuro lá fora. Eu procurei a lua, mas tinha sumido. Um cachorro caminhava ao longo da calçada, um homem levava ele. Um avião passou em cima, o barulho veio atrás. Alguém berrou na rua: "Preciso tirar o carro!" e a Jessica levantou e entrou no corredor, olhou para a bolsa e falou:
— Essa bolsa é da minha mãe.
Aí ela olhou lá para cima. E subiu.
Eu fiquei sentado no sofá. Tinha uma vela no centro de mesa, mas não estava acesa, estava apagada. A geladeira na cozinha zumbia. O relógio de pé badalou cinco vezes. E lá fora o céu ficou azul-escuro, sem nenhuma estrela. Cruzei as mãos na barriga e esperei, mas a Jessica não desceu.
Levantei. Passei pelo corredor. Era o cheiro da Jessica. Olhei a bolsa.
Fiquei escutando. Não tinha nenhum barulho. Pus o pé no primeiro degrau. Em cima dele, tinha um tapete. Acabei na escada.
Eu subi a escada. Quando cheguei lá em cima, olhei em volta. Não dava para ver direito. Eu esperei os meus olhos se acostumarem com o escuro. Tinha um banheiro. Do lado tinha um quarto com uma cama grande para duas pessoas. Do lado tinha um armário, eu abri, e estava cheio de lençol e toalha. Então fui ver o resto. No fim do corredor, vi outro

quarto, a porta estava aberta, e a Jessica estava lá dentro, sentada de lado na cama, olhando para a janela, com os pés balançando. Cheguei perto da porta e parei. Ela não me ouviu. Fiquei ali parado, só olhando para ela. O rosto dela estava iluminado pela luz de fora e parecia que os olhos tinham diamantes dentro. Fiquei esperando um tempo, e logo ela começou a cantar uma musiquinha.

> O Kookaburra empoleirado
> Na velha seringueira
> Rei da floresta ele é
> Rei da floresta ele é
> Pode rir Kookaburra
> Pode rir grande rei
> Pode cantar sua alegria

Fiquei ouvindo. Fiquei olhando a boca dela abrir e fechar e abrir e fechar. Ela se apoiava em três travesseiros. Um era rosa, um era xadrez e o outro era liso. Os pés balançando do lado da cama. Fiquei olhando.

No canto tinha um cavalo de madeira que, na verdade, era uma cadeira. No teto tinha um abajur com palhaços e, em cima da cama dela, pendurado na parede, estava Jerry, o Boneco.

A Jessica tirou os sapatos, e eles caíram no chão. Ela colocou as pernas para cima da cama, ela ainda estava de meias até os joelhos, dobradas em cima e lisas e macias. Então falou uma coisa:

— O Peter Pan é menina.

Ela estava olhando pela janela ainda.

— Eles fazem o boneco parecido com um menino, mas é

uma menina, só cortaram curto o cabelo dela e puseram um sutiã bem apertado.
(Eu também vi, na televisão, e me deu vontade de voar. Então fiz o papai telefonar para a televisão para saber como eles faziam, mas o Jeffrey falou que não tinha ninguém do outro lado da linha, que o papai tinha mentido para mim.)
— Eu não tenho idade para usar sutiã — a Jessica falou.
— Mas eu já tenho um, a mamãe me deu para quando eu crescer.
Ela abriu o armário e tirou o sutiã. Ela mostrou ele para mim e isso me fez sentir uma coisa estranha. Era errado. Normalmente, não se pode olhar. Mas aí eu fiz uma coisa. Eu peguei o sutiã e vesti, só que nas costas.
— Olha, Jessica — eu mostrei. — Eu sou um camelo.
Fiquei surpreso por ela ter dado risada. Ela riu como eu nunca tinha visto antes, parecia que ela estava cantando. Eu pus o sutiã na cabeça e fiquei pulando, e ela riu mais ainda e, quando pus na cara, ela caiu de rir em cima da cama.
— Toc toc — eu falei (era uma brincadeira).
— Quem é?
— Buuuuu.
— Buuuuu quem?
— Mas também não precisa chorar — falei.
A Jessica olhou para mim.
— Eu não estou chorando.
— Não, você não entendeu. Não precisar chorar.
— Mas eu não estou chorando, Burt (ela tinha parado de rir).
— Não, é uma piada.
— Qual é a piada?
E ela simplesmente se virou para a janela de novo, porque não entendeu.

— Jessica, é uma piada — falei.
Mas ela não virou mais para mim. Eu fiquei olhando as costas dela, que tremiam, ela estava chorando.

— Jessica.

Chamei o nome dela, mas ela só deitou a cabeça na cama, e os ombros ficaram subindo e descendo. Eu não sabia o que fazer, então cheguei perto da cama.

Tentei mostrar um truque de mágica para ela, que faz parecer como se você tivesse tirado o polegar da mão, mas ela nem quis ver.

— Talvez a gente possa fingir, Jessica — falei. — Qualquer coisa. Para você não ficar triste.

— Não — ela falou. — Isso é coisa de criança. E eu não quero mais ser criança. Eu odeio isso.

E deu um soco na cama e repetiu:

— Eu odeio, eu odeio isso!

E deu outro soco na cama. Ela fazia uma voz que parecia um animal.

— Odeio ser criança! — ela berrou.

Então ela escondeu a cabeça dentro dos braços e deitou na cama e chorou, chorou e chorou.

Eu não sabia o que fazer. Fiquei parado, olhando, e fiquei com raiva. Porque eu também sou criança. E também odeio.

A mamãe falou que um dia, quando eu for adulto, vou amar alguém, e isso significa que eu não vou querer que ninguém machuque essa pessoa. Eu achava que essa pessoa era o Shrubs. Mas não era. Era a Jessica.

Sentei do lado dela na cama e pus a mão na fita do cabelo dela e tirei uma, e a fita se soltou e ficou na cama. A outra, eu fiquei segurando. E eu pus na bochecha, porque era macia. Como a Jessica.

Quando ela olhou para mim, o cabelo estava na cara dela. Coloquei o cabelo dela para trás, e estava molhado também, mas não de chuva, era de chorar mesmo. Peguei com o dedo uma lágrima e pus nos meus olhos.

Abracei a Jessica como o papai faz quando eu choro e fiz assim atrás da cabeça dela. Ela deitou, virou e se encostou em mim com o lado do corpo, estava quente. Tirei o casaco, e alguém caiu na cama. O Macaquinho dos Abraços. Então eu coloquei ele no parapeito da janela, olhando para fora, para tomar conta da Jessica e de mim.

Depois, olhei para ela e vi que ela estava chorando e falei uma coisa bem baixinho:

— Eu não vou deixar ninguém te machucar. Eu não vou deixar. E eu vou fazer uma coisa para a gente não ser mais criança.

E ela me olhou com aqueles olhos dela e empurrou a cabeça na minha barriga, e eu apertei bem e estava quente em cima de mim. Eu vi que lá fora tinha começado a nevar, e o Macaquinho dos Abraços ficou olhando o vento, mas a gente lá dentro estava quente. E de repente aconteceu uma coisa. Eu vi a luz do poste da rua acendendo. As luzes foram acendendo e ficando brilhantes na nossa frente. A Jessica pôs a cara na minha barriga e falou:

— Você é meu amigo.

E os olhos dela tinham diamantes dentro.

Encostei o queixo no cabelo dela e ela levantou a cabeça encostando sua cara na minha. Era macia como minha cobertinha e ela pôs a boca na minha cara e tirou a minha camisa. Ela virou e levantou todo o vestido pelos braços que estavam me abraçando e voltou para a cama e me arrastou para cima dela, e eu senti as mãos dela nos meus bolsos, puxando a minha calça para baixo. Senti o avião e o elástico que apertava cada vez mais forte debaixo da minha barriga. Apertando cada vez mais. A Jessica segurou o meu bumbum e fez subir e descer e subir e descer. Na frente dela, onde eu encostava nela, tinha também algo como um pequeno bumbum, e era macio como beijo. E de repente eu ouvi um barulho vindo de muito longe que se aproximava da casa da Jessica. Correndo pela Seven Mile Road. Barulho de cascos. Um cavalo correndo sem ninguém montado. O Blacky. O barulho ficava cada vez mais alto, passando pelas lojas. E então eu ouvi outra coisa, uma bicicleta com figurinhas nos raios das rodas, do lado do Blacky, que vinha me procurar, correndo e fazendo aquele barulho cada vez mais alto na minha direção. Embaixo do meu umbigo, o avião foi ficando cada vez mais apertado, e eu segurei a Jessica, e as pernas dela estavam em volta de mim, e eu falei:

— Não precisa mais ficar com medo.

E ela falou:

— Não estou com medo agora, não estou mais. Eu não estou mais.

O barulho foi ficando mais alto, e o Blacky e a bicicleta estavam cada vez mais perto, e eu sabia que eles estavam vindo, o elástico ficou mais apertado, e achei que eu também ia morrer, eu estava quase morrendo. E então eu voei. Eu voei por cima da casa e por cima da rua até a Maxwell, por cima da rua Lauder e da escola, por cima de tudo, até pousar na Jessica. Eu vi que eu estava quase lá. Eu estava quase lá. E então eu tinha chegado lá.

Alguém gritou:
— Oh, meu Deus. Oh, meu Deus!

As luzes se acenderam. Ela me tirou da cama e me empurrou na parede e saiu sangue da minha cara. Escorreguei para o chão. E tudo que vi foi a bolsa dela, e ela agarrou a Jessica, e eu gritei:

— Não toque nela, não toque nela!

E bati nela com meus punhos, mas ela me derrubou, e eu não consegui mais me levantar.

20

— Qual é o seu telefone? — a mãe da Jessica berrou. Eu achei que não ia conseguir me mexer, tinha sangue na minha cara. Senti vontade de vomitar.
— Qual é o número do telefone da sua casa, você entende a minha língua?
Ela agarrou o meu braço e disse:
— Eu estou falando com você!
Fechei os olhos e desmaiei.
A Jessica ficou de joelhos na cama, com a cara enfiada nos travesseiros dela. Ela estava chorando sem parar. Quando a mãe quis encostar nela, ela não deixou.
— Como isso foi acontecer? — a mãe dela falou. — Que espécie de animal nojento você é? Você devia ser preso. Que tipo de pais são esses para ter criado tal monstro? Mas eu vou dar um jeito em você! Não se preocupe! Você nunca mais vai fazer isso com ninguém, com ninguém! Nem com a minha filhinha nem com ninguém! Você está me ouvindo? Você está me ouvindo?
Ela agarrou o meu cabelo e puxou a minha cara para trás.
— Você está me ouvindo?

Eu virei para ela. Abri os olhos.

— Se você encostar nela — sussurrei —, eu te mato.

Não sei como ela conseguiu o número e telefonou para os meus pais. Ela falou que eu falei que ia matar ela.

A mamãe veio e me pôs no carro. Tentei ficar com a Jessica, me segurei na cama dela, tive um ataque, mas não consegui continuar segurando e soltei. Quando cheguei em casa, tinha um policial com o meu pai. Eu não falei com ninguém. A minha mãe passou remédio na minha cara. Eu lembro que ela estava chorando.

Lembro que eles me colocaram na cama, e o médico veio e me deu um remédio que me deu sono. Eu não consegui me levantar. Eu quase não consigo me lembrar, mas eu me lembro do telefone, que ficou tocando, e não parava de tocar, como se fosse um sino, e eu ouvi que era a mãe da Jessica.

No dia seguinte, a minha mãe e o meu pai me puseram no carro e me trouxeram aqui para o Centro de Bem-Estar para Crianças. E me deixaram aqui. Foi a mãe da Jessica que mandou eles fazerem isso, mas eles falaram que também achavam melhor assim.

E agora eu estou aqui já faz dois meses. Foi Hanucá três semanas atrás. Ganhei uma caixa de roupas da mamãe e do papai, veio amarrada com um barbante. Peguei o barbante e amarrei uma meia minha e pendurei na parede, como se fosse um boneco.

Eu não escrevo aqui com frequência, porque o doutor Nevele falou que é melhor eu falar com ele nas consultas. Eu quase não venho mais para a Sala de Descanso. Eu consigo me controlar melhor.

O Rudyard saiu do Centro de Bem-Estar para Crianças, mas depois voltou. Mas eu não vejo mais ele, ele não vem na minha ala nem na Sala de Jogos, ele fica lá em cima. Eu penso nele quando vou nadar. Eu aprendi a nadar cachorrinho. Vou ensinar para o Macaquinho dos Abraços quando eu voltar para casa. Ele gosta de nadar, mas eu nunca mais vou ver ele. Ele ficou na casa da Jessica. Acho que a mãe dela matou o Macaquinho dos Abraços.

Eu vi o Rudyard. Foi lá em cima, para onde a senhora Cochrane me levou para ver outro médico, que me mostrou umas figuras e me mandou falar o nome das coisas. Era um teste. Quando eu saí, o Rudyard estava no corredor com uma criança no colo. A criança ficava fazendo careta. Ele olhou para mim. Eu olhei para ele. A gente ficou se olhando um tempão. Então ele falou:

— Eu tenho uma coisa para te dar.

Ele pôs a criança no chão e se levantou. Ele olhou para mim de novo e enfiou a mão no bolso de trás.

— Estou com isso no bolso faz uma semana — ele disse. — Nem sei por quê. Fale para o doutor Nevele que você achou por aí.

Olhei para ver o que era. Era um envelope. Quando me virei para ele de novo, o Rudyard estava chorando. Ele estava chorando por minha causa. Então, eu fiz uma coisa. Pus a mão embaixo do queixo e fiz o nosso sinal.

A criança saiu correndo pelo corredor, e o Rudyard correu atrás dela. Lá no fim do corredor, ele foi ficando cada vez menor.

Eu abri o envelope. Depois fechei.

As minhas mãos estavam tremendo. Porque eu estava com medo.

Naquela noite, eu não consegui dormir. Fiquei deitado na minha cama, na minha ala, olhando para o teto, tinha uma janela, onde as luzes que vinham do corredor brilhavam.

Lá fora ouvi os faxineiros indo para casa, eles falaram que as picas estavam congelando nas calças. E, quando eles foram embora, não sobrou mais ninguém. Era muito tarde. Estava tudo em silêncio. O Manny chupando o dedo, e o Howie respirando fundo na cama do lado. Fiquei olhando a janela de luzes no teto, olhando sem parar.

Saí da cama. Pus a mão embaixo do travesseiro e peguei a carta, a carta da Jessica. Fui até a porta. Olhei para fora. Não tinha ninguém. Eu saí. Fui me arrastando pela parede. Tinha uma coisa na parede, era a minha sombra. A gente andou bem rente da parede, eu e eu.

Eu estava indo comigo para algum lugar.

Entrei numa porta onde estava escrito escada. Era uma escada. Subi sem parar. Os meus dentes estavam fazendo eco, mas eu nem parei. Aí eu saí por outra porta e virei para lá. Eu fui até o fim e, então, virei para cá. Passei por uma porta de vidro e saí em outro corredor. Tinha uma enfermeira atrás de uma mesa. Ela estava lendo um livro. Ela nem me viu. Aí eu entrei em outra porta. Lá dentro, tinha uma fileira de camas. Eu fui até a última cama.

O Carl estava amarrado nessa cama, ele estava amarrado com tiras de pano. Ele nem tentou se mexer, mas ele me viu com aqueles olhos dele. Ele estava de olho aberto. Ele também não estava conseguindo dormir. Tinha uma cadeira dobrável perto da janela. Eu peguei a cadeira, abri e sentei do lado da cama do Carl. Ele sorriu para mim. Eu não estava com medo.

— Sou eu — falei para ele. — Da Sala de Jogos, lembra? Eu empurrei você.

O Carl não disse nada. Os olhos dele viraram para o lado, mas uma hora ele olhou para mim.

— Não entendo nada — falei — sobre o Rudyard e o doutor Nevele. O Rudyard me mostrou como nadar e era meu amigo, mas mentiu sobre a parede, sobre ler a parede. O Carl riu. Eu vi a barriga dele subir e descer. Eu ouvi um barulho nas outras camas, parecia o som de filhotinhos. Eram crianças.

— E o doutor Nevele. Ele não entende as crianças, e isso deixa ele triste. Ele falou que eu não tinha recebido nenhuma carta.

O Carl parou de se mexer.

— E agora não tem mais ninguém. Eu queria estar em casa. Eu não queria estar em lugar nenhum.

Fiquei sentado do lado do Carl a noite inteira. Fiquei só sentado do lado dele, e ele olhando para mim, rindo, e eu fiquei lá. Estava bem silencioso no quarto, como se todo mundo tivesse ido para o céu.

Quando amanheceu, eu fui embora. Voltei pelo corredor. As enfermeiras chegaram, tiraram seus casacos e penduraram. Eu fui direto para a Sala de Descanso. Abri a porta e acendi a luz, mas tinha uma pessoa lá, encolhida no chão, perto da parede.

Ela acordou quando eu entrei, sentou, olhou para mim e esfregou os olhos, ela parecia quase um bebê. Ela pôs os óculos para ver quem era, era eu.

— Senhora Cochrane.

Ela estava com marcas do chão na cara. Ela parecia estar tonta. Ela tirou os óculos e esfregou os olhos de novo. Ela começou a levantar do chão, mas não conseguiu. Ela era muito velhinha. Eu olhei para ela, ela parecia uma menina. Eu sabia que ela tinha ido lá me esperar porque eu não estava na minha cama, ela tinha passado lá para me ver. Fiquei olhando para ela. Ela não disse nada. Ficou ali sentada no chão, em frente à parede, onde tinha escrito *Ele queria ver o tempo voar*. Agora eu sabia que tinha sido ela.

Eu estava com muito sono. Apaguei a luz da Sala de Descanso e deitei no chão do lado dela, e ela pôs o braço por cima de mim. Cheguei mais perto, e ela continuou com o braço por cima. Ela deixou o braço ali até eu pegar no sono.

21

Querido Randy,

Eu não sei se vou conseguir escrever para você por um tempo porque a minha mãe vai me mandar para uma escola particular amanhã. É bem longe, em Ohio. Ela falou que lá tem um monte de crianças boazinhas, que eu vou esquecer tudo. O médico do hospital falou para ela me mandar para lá. Ele disse que o que aconteceu vai me incomodar por muito tempo, e talvez eu tenha pesadelos. Ele deu uns remédios para a minha mãe me dar para eu dormir.

Na noite em que eu voltei para casa do hospital, ela me levou para a cama do quarto dela e me deu um remédio. Mas eu escondi o remédio na boca e depois cuspi. E, quando ela saiu, eu levantei e fui para o meu quarto. Subi na minha cama, mas não consegui dormir. Eu estava morrendo de medo. Então ouvi um barulho, ele me assustou e liguei o abajur. Então o barulho foi embora. Mas, quando apaguei a luz, o barulho voltou. Eu quase morri de medo. Escutei e escutei para ver se ouvia de novo.

Estava escuro, só tinha uma luzinha que vinha do poste da rua. E eu vi o Macaquinho dos Abraços sentado na janela, olhando para fora, onde você tinha posto. Era ele. Ele estava cantando.

O Kookaburra empoleirado
Na velha seringueira
Rei da floresta ele é
Rei da floresta ele é
Pode rir Kookaburra
Pode rir grande rei
Pode cantar sua alegria

Eu fiquei ouvindo cantar várias vezes. Era suave. E, quando eu peguei no sono, sonhei com um arco-íris.

Jessica

Querida Jessica,
Uma vez, eu tinha cinco anos. Era verão. Eu podia dormir tarde, porque não tinha aula. E uma noite eu tive um pesadelo. Eu acordei. Estava tudo escuro no meu quarto. Tinha uma sombra no armário. Estava tudo silencioso. Eu não estava me sentindo bem. Eu estava suando. Estava frio em mim. Eu sentei e fiquei esperando. Esperei, esperei, esperei. Aí eu saí da cama. Apontei o dedo para a porta e fui reto. Caminhei de pijama pelo corredor. Parei no corredor perto da luz que tem na frente do quarto dos meus pais. E me pus a escutar. Mas não ouvi nada. Dentro do quarto deles, estava tudo preto.

Eu fiquei lá parado, de pijama. Olhei dentro do quarto dos meus pais, mas estava tudo escuro. Tentei ouvir alguma coisa, mas não ouvi nenhum barulho. E eu falei uma coisa bem baixinho no corredor.

Tem alguém aí?

BURT

FONTE
Miller Text
DIAGRAMAÇÃO
Rádio Londres
PAPEL
Pólen Soft
IMPRESSÃO
Cromosete Gráfica e Editora Ltda.